MANAGER
POUR LA PREMIÈRE FOIS

Éditions d'Organisation
Groupe Eyrolles
61, bd Saint-Germain
75240 Paris cedex 05

www.editions-organisation .com
www.editions-eyrolles.com

© Groupe Eyrolles, 2004.
ISBN : 978-2-7081-3140-8

Frédéric Crépin

MANAGER
POUR LA PREMIÈRE FOIS

Douzième tirage 2013

EYROLLES

Éditions d'Organisation

À mes parents

Remerciements

Je souhaite remercier un certain nombre de personnes sans lesquelles ce livre n'aurait probablement jamais vu le jour :

PATRICE STERN pour ses conseils, ses encouragements et son soutien.

JEAN-BAPTISTE HUEBER pour son regard critique et constructif de manager.

JEAN-LUC ARNOULT pour ses nombreux retours d'expérience en tant que manager.

DANIEL LOLIEUX et NICOLAS SAMSON pour leur implication dans la relecture de ce livre.

Jean-Luc CARPENTIER pour sa vision philosophique de l'ouvrage.

Et enfin, ISABELLE PARIZE pour avoir su occuper ma femme pendant mes longues heures de rédaction...

Sommaire

Introduction

Manager. Qu'est-ce que cela veut dire ?

Le Management concerne l'ensemble des techniques de direction, d'organisation et de gestion de l'entreprise[1]. Ce terme anglo-saxon n'a pas d'équivalent en français, c'est pourquoi il a fait florès.

Tous les managers tombent d'accord sur les bases à acquérir pour tenir le rôle de manager. Il faut :
- Se connaître afin de pouvoir affirmer sa personnalité ;
- Savoir gérer une équipe ;
- Communiquer efficacement.

La plupart des grandes écoles forment leurs étudiants aux techniques de gestion, d'organisation, de stratégie d'entreprise ; mais elles ne fournissent que peu de clés de réflexion sur le développement personnel et la communication d'entreprise.

Par exemple, dans le domaine de la communication, là où les écoles forment à organiser sa pensée de manière linéaire (introduction, développement, conclusion), l'entreprise entraînera plutôt une communication systémique et prônera plus volontiers de commencer par la conclusion pour ensuite développer un point précis.

---

1.   Définition du *Petit Larousse*

Le statut de manager rend difficile la réflexion sur les principes et l'acquisition des techniques de management. Le manager en effet se voit bombardé de formations toutes plus spécialisées les unes que les autres (stratégie, leadership, créativité, etc.), mais privé de bases de réflexion à la fois plus simples ou plus globales.

Ce livre veut donc donner quelques pistes pour réfléchir sur son rôle et sa pratique de manager dans la réalité quotidienne.

Pour cela, faut-il inventer de nouvelles méthodes ? *Ars longa, vita brevis*[1]. Plutôt que de réinventer des principes existant depuis la nuit des temps, je me suis attelé à rendre à César ce qui appartient à César... En effet, la littérature regorge de penseurs et/ou auteurs qui ont largement disserté sur ce sujet (même si d'autres termes recouvraient la notion actuellement dénommée management et même si cette fonction n'était pas tenue exactement de la même façon à leur époque !...) :

Quelques-uns de mes préférés – SUN TZU, CONFUCIUS, SOCRATE, NAPOLÉON, BOILEAU, MAUPASSANT, RENARD – m'ont fourni la base de départ pour présenter quelques réflexions, conseils et outils pratiques qui sans tambours ni trompettes ont fait la preuve de leur efficacité. C'est le fil de leur pensée qui a guidé ma plume.

Le début d'une progression part souvent de l'examen des idées fausses. C'est pourquoi le chapitre 1 évoque les 5 idées reçues les plus répandues à propos de la fonction de manager. Chaque manager « débutant » prendra progressivement conscience que le mythe du manager est bien loin de la réalité.

Aussi le chapitre 2 examine-t-il les 3 piliers réels du management au quotidien : le management de soi, le management des autres et le management de la communication.

Le chapitre 3 décrit les 11 étapes pour créer son réseau et développer son intelligence émotionnelle, éléments clés pour progresser vers l'excellence dans le domaine du management.

Le chapitre 4 donne 25 conseils sur des situations précises : par exemple, comment estimer ses progrès, le rôle de l'influence, prendre le temps, et comment dévoiler ses ressources la première année.

---

1. L'art est long, la vie est courte.

Le chapitre 5 donne 10 clés pour disposer de la véritable boîte à outils opérationnelle du manager.

Au fil des pages, des questions-réponses viennent donner des éclairages sur les questions que se posent les nouveaux managers à leur prise de fonction.

Chapitre 1

5

idées reçues sur les managers et le management au quotidien

Idée reçue n° 1 : managers et salariés doivent avoir les mêmes compétences

Beaucoup de nouveaux managers croient que les compétences qu'ils utilisaient comme contributeur individuel vont leur servir dans leur nouveau rôle – mais qu'ils devront « simplement » les utiliser dans des projets beaucoup plus ambitieux.

Réalité : les compétences requises en tant que contributeur individuel diffèrent de façon notable de celles dont a besoin un manager.

Exemple

Supposez que vous êtes promu de commercial à responsable commercial d'une région. En tant que commercial, vous possédez probablement un nombre de compétences essentielles spécifiques comme celles de :

Les Managers doivent acquérir de nouvelles compétences...

- comprendre les fonctionnalités et les bénéfices du produit que vous vendez ;
- savoir identifier et répondre aux besoins de vos clients à travers l'offre de votre société ;
- prospecter de manière indépendante par téléphone.

En tant que responsable commercial d'une région, vous devez toujours utiliser ces compétences, mais maintenant vous devez travailler avec d'autres dans le but d'atteindre vos objectifs.

5

... principalement orientées relationnelles.

Vos nouvelles compétences managériales seront plus orientées vers les personnes de votre équipe que vers vous-même. Vous devrez :
- vous déplacer avec vos commerciaux pour observer leurs techniques de vente ;
- coacher de nouvelles recrues au sein de votre équipe ;
- évaluer la performance de chacun de vos commerciaux ;
- motiver vos commerciaux afin d'atteindre les objectifs régionaux fixés par la compagnie.

Les compétences que vous apportez à votre nouvelle position vous seront profitables tout au long de votre carrière. Toutefois, en tant que *manager*, votre succès dépendra également d'une palette de nouvelles compétences – principalement orientées vers les compétences relationnelles.

Idée reçue n° 2 : le pouvoir est l'essence de la fonction de manager

Beaucoup de nouveaux managers pensent qu'ils vont avoir, en tant que manager, plus de pouvoir qu'en tant que contributeur individuel.

En effet, beaucoup de managers ont :
- Une *autorité* plus formelle, qui prend la forme de contrôle de budgets, de recrutement, et différents autres aspects au sein de leur équipe ;
- Un *statut* plus élevé au sein de leur organisation ;
- Un *accès* plus important à davantage de ressources, telles que les conseils de leur chef, l'attention de la direction générale, des opportunités de formation, etc.

Réalité : les managers *ont* du pouvoir, mais le *pouvoir* ne garantit pas que le manager a de l'*influence*. En tant que manager, vous devez utiliser les outils du pouvoir – *l'autorité, le statut, l'accès* – pour *influencer* les autres.

Le pouvoir n'est rien sans l'influence...

Mais alors, quelle est exactement la différence entre *pouvoir* et *influence* ?

Pouvoir
Potentiel individuel ou de groupe pour influencer un autre individu ou groupe.
Influence
Exercice du pouvoir afin de changer les comportements, attitudes ou valeurs d'un individu ou d'un groupe.

En tant que manager, la quantité de pouvoir et d'influence que vous pouvez accumulez est le résultat de deux facteurs :

- **Votre position dans l'organisation.** Votre position dans la hiérarchie de votre organisation affecte votre capacité à influencer les autres.
- **Vos caractéristiques personnelles.** Vous obtenez du pouvoir de par votre expertise, votre compréhension, vos efforts, votre fiabilité et votre charisme.

En développant votre pouvoir de position, gardez en tête la *Loi de réciprocité du manager*.

> **... et l'influence se cultive en aidant d'abord les autres.**

Loi de réciprocité du manager
Pour influencer les autres afin d'atteindre un objectif, vous devez leur fournir des ressources et services dont ils ont besoin en échange de ressources et services dont vous avez besoin.

Il y a de nombreuses sortes de ressources et de services à offrir ;

Par exemple, partage de connaissance et d'information, offre d'aide, apport de conseils ou encore acceptation de la contribution d'autres personnes.

Bien qu'une grande partie de votre pouvoir managérial puisse dériver des activités quotidiennes ainsi que de votre situation dans l'organisation, c'est votre type de *comportement* qui déterminera la capitalisation de votre position.

Idée reçue n° 3 : les managers ont beaucoup de liberté

La plupart des nouveaux managers croient qu'ils vont bénéficier de plus de liberté pour prendre des décisions que lorsqu'ils étaient contributeur individuel. Quelques-uns croient même qu'ils vont bénéficier de plus de temps libre qu'auparavant, grâce à leurs collaborateurs directs qui pourront effectuer le travail demandé.

> **Les actions d'un manager dépendent de nombreuses personnes externes...**

Réalité : les managers ont *beaucoup* moins de liberté (et de temps libre !) pour agir seuls qu'ils ne le pensent. Pourquoi ? **Parce qu'ils ont besoin de la coopération des autres**

pour atteindre leurs objectifs. Ces autres personnes peuvent être :

- Des collaborateurs, directeurs, collègues et autres au sein de l'organisation ;
- Des clients, fournisseurs, concurrents et autres extérieurs à l'organisation.

... qui peuvent être consommatrices de temps.

Ainsi, les managers dépendent-ils de tout un réseau de personnes pour accomplir leurs objectifs, un réseau qu'ils se doivent de développer (ce qui implique une disponibilité accrue) et de maintenir.

Les managers doivent assumer un nouveau monde de devoirs, obligations et relations.

Exemple

Si vous êtes le nouveau manager du service clientèle, vous devrez vous assurez que les efforts de votre groupe vont dans le sens du plan général marketing et stratégique de votre société. Quand le service clientèle est une priorité de grande importance, alors votre rôle de manager devient critique pour le succès de votre compagnie.

Questions-réponses

Quelles sont les implications réelles pour devenir un bon manager ?

Devenir manager implique de dépasser ses idées reçues et de prendre en compte la réalité telle qu'elle est. La plupart des managers se concentrent sur leur autorité formelle – les droits et privilèges associés à un rang supérieur. Mais ils découvrent vite qu'ils ont des devoirs, des obligations et des dépendances. Ils découvrent que l'autorité formelle est en fait une source limitée de pouvoir. Leur influence à travailler avec et pour les autres devient plus productive que la simple autorité ; leur compétence relationnelle fera la différence.

Les nouveaux managers ont deux principales responsabilités : gérer leur équipe, et gérer le contexte dans lequel évolue leur équipe. Cela implique gérer les relations d'une équipe avec d'autres groupes, à l'intérieur et à l'extérieur de l'organisation, tout en scrutant l'environnement compétitif afin de s'assurer que l'agenda défini est convenable.

Idée reçue n° 4 : les managers se sentent toujours bien, en contrôle, et sont toujours satisfaits de leur travail

On peut croire que beaucoup de managers maîtrisent leur position ; leur apparence physique peut paraître convaincante – intimidante parfois – aux yeux de leurs collaborateurs ou collègues.

Des baisses de régime peuvent apparaître dans le quotidien du manager...

Réalité : tous les managers sont **humains**. Même les plus sûrs d'eux-mêmes ont leurs moments de frustration et d'incertitude.

✎ Questions-réponses

Quels types d'émotion expérimentent les nouveaux managers ?

Beaucoup de nouveaux managers entrent dans le rôle en espérant se sentir libre, bien dans leur peau et en contrôle. Toutefois, ils sont surpris de se retrouver avec des contraintes, pas si bien dans leur peau, et sans aucun contrôle pour commencer. Les compétences techniques qui importaient tant dans leur précédent emploi ont très peu d'importance dans leur nouveau rôle, aussi se sentent-ils en dehors de leur zone de confort. Avec le temps, ces émotions diminuent.

En tant que manager, vous devez accepter ces moments de frustration comme normaux. Parfois, vous ressentirez certainement :

... mais elles ne doivent pas faire oublier l'excitation et l'épanouissement liés à la fonction.

- des contraintes ;
- de l'incertitude quant à vos capacités à gérer votre travail ;
- du stress quant à la façon de gérer votre équipe ;
- de la frustration quand vos collaborateurs ne prendront pas la bonne direction ou ne vous écouteront pas ;
- de l'ennui ou du découragement dû à la « politique » interne que vous devez maintenir.

Mais gardez à l'esprit qu'en dépit des moments de faiblesse, les managers se sentent souvent – sinon toujours – **excités, compétents** et **épanouis** dans leur métier.

Questions-réponses

Est-ce qu'on peut apprendre à trouver des satisfactions d'autres manières ?

Oui, définitivement. Des choses qu'ils pensaient ne pas être satisfaisantes ou agréables se révèlent très satisfaisantes. Beaucoup de managers apprennent qu'ils aiment réellement coacher et voir les autres réussir – même plus que résoudre des problèmes de leur part. Ce n'est pas tant apprendre, mais découvrir de nouvelles choses sur le moi. Bien sûr, avec l'expérience, ils ressentent le type de satisfaction qui provient simplement du fait d'acquérir de nouvelles compétences.

Idée reçue n° 5 : on apprend à être un bon manager essentiellement à travers des formations

On n'apprend réellement à devenir manager qu'avec l'expérience...

Vous pouvez vous préparer à augmenter vos chances de succès dans votre rôle de manager en vous basant sur des opportunités de formation au management. Combinées à des partages d'expérience avec d'autres managers, les formations peuvent se révéler très enrichissantes.

> *« Comment j'ai appris mon métier ? À travers des essais, des échecs, des intuitions... J'ai également beaucoup lu sur le management et la vente »* – Un manager

Réalité : vous apprendrez énormément au travers des formations ; mais votre *meilleur* professeur restera l'expérience acquise sur le terrain dans votre nouveau rôle. La capitalisation de vos nouvelles expériences vous aidera à grandir intérieurement, à augmenter vos performances et à construire votre confiance en votre style de management.

... mais il est nécessaire d'acquérir les méthodologies qui permettront de capitaliser cette expérience.

Dans le but de réellement capitaliser vos expériences, trois outils vous seront nécessaires :
* une méthode structurée pour réfléchir sur les expériences que vous avez acquises – analyser les succès et les échecs et vous enrichir ainsi pour vos expériences futures ;

© Éditions d'Organisation

- un système de retour de vos performances. Le meilleur moyen d'évaluer les liens entre vos actions et leurs aboutissements est encore d'avoir un retour de la part de vos pairs, de vos collaborateurs ou d'autres personnes sur la manière dont vous relevez les défis quotidiens. Vous pourrez ainsi aiguiser vos types de comportements pour atteindre plus facilement les objectifs que vous vous êtes fixés ;
- une méthode pour identifier les problèmes clés des situations variées que vous allez rencontrer.

Questions-réponses

Que peuvent apprendre les organisations des personnes qui sont en transition vers un poste de manager pour la première fois ?

Les nouveaux managers sont comme des anthropologues débutants. Ils absorbent n'importe quelle information qui se rapporte à leurs nouvelles responsabilités. Ainsi, ils peuvent apporter de nouvelles perspectives sur les choses et peuvent poser les questions qui se rattachent au cœur du fonctionnement de l'organisation. Ils sont aussi très sensibles aux signaux mixtes qu'une société peut donner, et leur décryptage de ces signaux peut aider l'organisation. Si l'entreprise réalise que ces salariés interprètent mal ses messages et valeurs, elle peut alors effectuer des changements constructifs.

Chapitre 2

3

piliers pour le management au quotidien

1. Le management de soi

1.1. Se connaître

> « *Connaissez l'ennemi et connaissez-vous vous-même ;*
> *en cent batailles, vous ne courrez jamais aucun danger ;*
> *Quand vous ne connaissez pas l'ennemi mais que vous*
> *vous connaissez vous-même, vos chances de victoire ou*
> *de défaite sont égales ;*
> *Si vous êtes à la fois ignorant de l'ennemi et de vous-*
> *même, vous êtes sûrs de vous trouver en péril à chaque*
> *bataille. De tels hommes s'appellent des fous criminels. A*
> *quoi peuvent-ils s'attendre sinon à la défaite ? »*
>
> SUN TZU – L'art de la guerre

Dépassons le niveau du propos guerrier de SUN TZU, et attachons-nous au fond du discours : tous ceux qui ont accompli de grandes choses ont en commun une bonne connaissance d'eux-mêmes. Ils connaissent leurs limites et de ce fait sont capables de les surmonter pour tirer le meilleur parti de leurs forces.

> **Tous ceux qui ont accompli de grandes choses ont appris à se connaître.**

13

Voici ci-dessous un schéma représentant l'ensemble d'une personne :

Une personne, symbolisée en 4 cercles

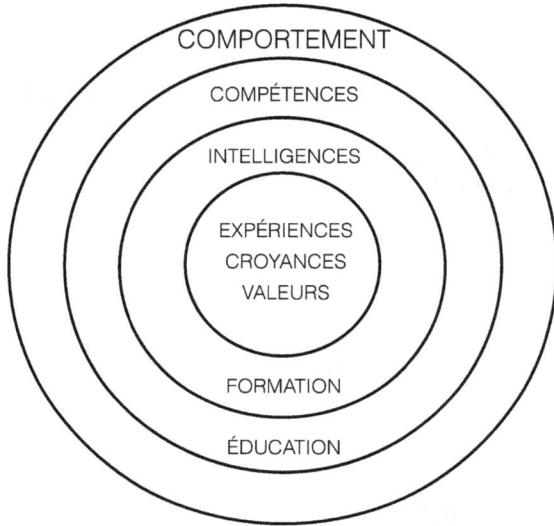

Une personne est façonnée par des **valeurs**, **croyances** et **expériences** qui sont représentées par un premier cercle.

Par exemple, un petit enfant qui se fera mordre par un chien gardera une appréhension des chiens tout au long de sa vie.

Le deuxième cercle concerne la **formation**. Elle permet de construire ses **intelligences** ; HOWARD GARDNER[1] a défini 7 grandes catégories d'intelligence :
- Intelligence linguistique ;
- Intelligence logique mathématique ;
- Intelligence kinesthésique ;
- Intelligence spatiale ;
- Intelligence musicale ;

---

1. Psychologue américain, professeur à Harvard – auteur de : *Les formes de l'Intelligence*.

- Intelligence interpersonnelle ;
- Intelligence intra personnelle.

Le troisième cercle concerne l'**éducation** qui permet de développer ses **compétences**.

Et enfin, le dernier cercle correspond au **comportement**, qui est l'aboutissement de toutes les autres dimensions.

Pour approfondir ses connaissances sur soi-même des bilans de compétences sont souvent proposés. Mais c'est un exercice qui ne supporte pas la médiocrité et nécessite un excellent prestataire. Et le bilan pourra tout au plus dresser un portrait de nos compétences actuelles, alors que le rôle de manager implique d'apprendre à mettre en oeuvre de nouvelles compétences.

Il s'agit de mieux comprendre sa propre personnalité afin de réellement gagner en autonomie. Car notre manière d'agir et d'interagir avec les autres ne dépend pas de nos compétences techniques mais plutôt de ce qui façonne notre personnalité et détermine notre comportement.

Les méthodes comportementales définissent le « comment » des choses.

Les valeurs nous renverront à notre passé ; elles répondent à la question du « pourquoi » nous agissons ainsi. Alors que le comportement nous renvoie au présent ; il répond à la question du « comment » nous agissons.

Parmi les différents outils disponibles (voir en annexe, page 82 un comparatif de différentes méthodes comportementales), j'ai choisi de vous présenter ici la méthode comportementale de WILLIAM MARSTON car c'est la seule méthodologie orientée terrain et donc réellement opérationnelle. Elle permet de mieux cerner sa personnalité et de découvrir des axes d'amélioration. Elle permet aussi d'offrir un langage commun à ses équipes.

Ceux qui voudront aller plus loin, trouveront également en annexe (page 87) le modèle d'EDUARD SPRANGER (1882-1963) – psychologue allemand – sur les attitudes et valeurs.

1.1.1. *Le modèle DISC de WILLIAM MARSTON*

Les méthodologies comportementales répondent à la question du « comment » nous faisons les choses. Elles ont pour ambition d'apporter une meilleure connaissance de soi et des autres, ainsi qu'une plus grande efficacité et flexibilité.

4 grands « traits » définissent le modèle DISC de Marston.

En 1928, dans son livre « *Les émotions des gens normaux* », WILLIAM MARSTON[1] décrit sa théorie des « traits ».

Autour de deux axes (Acceptant-Agissant/Environnement perçu favorable-défavorable), Marston définit quatre grands « traits » de caractère, d'où découlent quatre types de comportement :

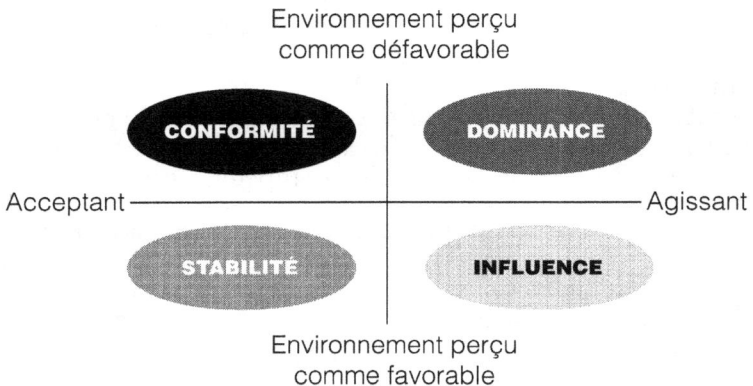

Environnement perçu
comme défavorable

CONFORMITÉ   DOMINANCE

Acceptant ————————————————— Agissant

STABILITÉ   INFLUENCE

Environnement perçu
comme favorable

La dominance est dans l'action.

La **Dominance** est la faculté de résoudre les problèmes et à accepter les défis : celui qui a une « dominance » élevée va relever les défis ; au contraire, celui qui en a peu va avoir tendance à éviter les conflits.

L'influence est dans la relation.

L'**Influence** est la faculté à influencer et interagir avec les autres : celui qui a une « Influence » élevée va chercher à interagir fortement avec les autres, voire à les influencer ; au contraire, celui qui en a peu va être plus sceptique et logique.

La stabilité est dans l'écoute.

La **Stabilité** est le trait correspondant au rythme et aux réactions face au changement : celui qui a une forte « Stabilité » va rechercher la cohérence et la stabilité dans son travail ; au contraire, celui qui en a peu va rechercher le changement.

---

1. Doctorat de psychologie à Harvard – Inventeur du détecteur de mensonge.

La **Conformité** est le trait correspondant aux règles et aux procédures : celui qui a une forte « Conformité » va suivre les règles et les procédures en place ; au contraire, celui qui en a peu va établir ses propres règles.

La conformité est dans le questionnement.

Chacun d'entre nous possède en partie ces quatre traits, mais à des degrés d'intensité variables. Aucun trait n'est meilleur que l'autre ; il n'y a donc aucun jugement de valeur.

Le modèle DISC devient un véritable langage ayant pour caractéristiques d'être observable, universel et neutre. En suivant ce modèle il est facile d'établir son propre profil de comportement afin de :

- Se connaître et s'apprécier ;
- Reconnaître l'autre et l'apprécier ;
- S'adapter à la situation.

Mais des points forts peuvent aussi constituer des points faibles.

Pour en juger, il est important de bien comprendre comment ces différents traits peuvent être perçus, compris et interprétés par les autres.

Exemple

Une personne « Dominante » pourra être perçue comme opportuniste, trop directe voire tyrannique ; alors que sa motivation première est de relever les défis et son but est d'être fixée sur les objectifs.
Les personnes de ce groupe ont beaucoup d'énergie. Elles sont centrées sur l'action et sont constamment en mouvement. Elles sont positives, factuelles, extraverties. Elles aborderont les autres de manière directe.
De même, une personne « Influente » pourra être perçue comme suffisante, bavarde, peu encline au travail ; alors que sa force réside dans son optimisme et ses capacités relationnelles.
Les personnes de ce groupe sont extraverties, rayonnantes et amicales. Elles sont généralement positives et soucieuses d'avoir de bonnes relations personnelles. Elles prennent plaisir à la compagnie des autres et estiment que la vie devrait être amusante. Elles abordent les autres de façon convaincante, démocratique.
Une personne « Stable » pourra être perçue comme effacée, lente dans le travail ; alors que son esprit concret servi par sa motivation d'être utile apporte beaucoup à une entreprise.
Les personnes de ce groupe s'appliquent à être sérieuses et fiables. Elles apprécient la cohérence dans leur vie et combattront

pour une cause avec obstination. Elles ne répondront pas facilement à l'ambiguïté ou à une structure impersonnelle, et peuvent être timides dans leur façon d'aborder les autres.

Enfin, une personne « Conforme » pourra être perçue comme trop critique, froide ; alors qu'elle recherche toujours la bonne façon d'agir grâce à sa précision et ses analyses.

Les personnes de ce groupe ont un fort désir de comprendre tout ce qui les entoure. Elles peuvent avoir du mal à répondre à une pression autoritaire et préféreront communiquer par écrit.

Ces quelques exemples montrent à quel point il est important de connaître son type de comportement afin de pouvoir progresser sur soi-même ; mais également de comprendre le regard des autres sur soi, afin de pouvoir progresser dans la relation à l'autre.

1.2. L'art de se faire coacher

Socrate, précurseur du coaching ?...

« *Connais-toi toi-même* », telle était la devise de SOCRATE gravée au fronton du temple d'APOLLON. Bien qu'il n'ait rien écrit personnellement, ses contemporains le décrivent tantôt comme un moraliste simplet (XÉNOPHON), tantôt comme un homme qui interroge (PLATON, qui a fait de lui le personnage central de ses *Dialogues*).

Tout en enseignant, il fait découvrir à son interlocuteur ce qu'il croyait ignorer (la maïeutique) et le fait avancer sur la voie de la vérité (la dialectique).

Socrate serait-il le précurseur des nouvelles orientations des écoles de management et des coachs ?

1.2.1. La nécessité d'être accompagné

Le monde actuel subit une métamorphose radicale. Alors qu'hier il offrait des repères traditionnels forts tels que la famille, l'éducation, l'entreprise garante de stabilité de l'emploi et de possibilité de carrière à long terme, il renvoie aujourd'hui chacun à sa solitude : l'individu doit d'une part assumer des changements imposés, d'autre part saisir des opportunités. Et les responsabilités des managers sont de plus en plus lourdes à gérer.

Face à de telles accélérations, les solutions classiques de la formation et du conseil ne suffisent plus.

Il devient nécessaire à tout manager d'être accompagné dans ses choix afin de pouvoir progresser à différents niveaux[1] :

La pression de l'entreprise empêche le manager de développer seul ses ressources personnelles et relationnelles.

- Niveau **personnel** : attitudes, comportement, compétences (écoute, communication, changement) ;
- Niveau **managérial** : gestion du stress, motivation, prise de décision, gestion du temps ;
- Niveau **relationnel** : capacité à communiquer et à méta-communiquer ;
- Niveau de son **équipe** : repérer à quel stade de développement se situe l'équipe.

Quel manager peut affirmer avec sérénité ne pas avoir de potentiel à développer pour lui ou pour son équipe ?

1.2.2. *Les freins au coaching*

Plus un manager exerce de responsabilités, plus il se sent obligé de décider seul. En effet, c'est généralement grâce à des compétences supérieures aux autres qu'il a pu accéder à son poste.

Il tombe alors dans le paradoxe du manager omniscient :

- Il est devenu manager grâce à ses compétences ;
- Mais il a besoin d'acquérir de nouvelles compétences et donc d'être aidé dans son nouveau rôle ;
- Or, demander de l'aide, c'est avouer son incompétence.

Tout manager doit alors accepter de descendre du piédestal sur lequel il se sera placé ou sur lequel il aura été placé. La désacralisation de l'imaginaire collectif deviendra alors une force.

Faire appel au coaching demande du courage et de la clairvoyance.

Alors que le monde sportif reconnaît comme une force le droit d'être accompagné, le monde de l'entreprise a encore du chemin à parcourir.

Dans ce monde frénétique, il devient de plus en plus urgent d'avoir quelqu'un qui puisse vous écouter, vous aider à trouver vos solutions et vous conseiller dans les différents choix que vous aurez à effectuer.

---

1.   Voir Vincent Lenhardt – « Les responsables porteurs de sens »

1.3. L'intelligence émotionnelle

Vous comprendre et comprendre les autres peut vous aider à faire mûrir les changements personnels que vous expérimenterez.

L'intelligence émotionnelle permet de prendre conscience de ses axes d'amélioration.

Mais comment pouvez-vous réellement approfondir votre connaissance de vos motivations, de vos forces et de vos faiblesses et de celles des autres ? En renforçant et en utilisant votre *intelligence émotionnelle* – combinaison de compétences d'auto-management et capacité à travailler avec d'autres personnes.

1.3.1. Les composantes de l'intelligence émotionnelle

L'intelligence émotionnelle (IE) est constituée de cinq composantes, comme le décrit le tableau ci-dessous :

- auto-conscience ;
- auto-régulation ;
- motivation ;
- empathie ;
- compétences sociales.

Compétences d'auto-management		
Compétences	**Définitions**	**Exemples**
1. Auto-conscience	Connaître et vouloir parler de ses faiblesses	Vous travaillez avec des deadlines serrées ; vous planifiez donc votre temps très minutieusement – et expliquez à vos collègues pourquoi vous êtes si précautionneux avec votre planning.
2. Auto-régulation	Avoir la capacité à contrôler ses impulsions et les canaliser vers des objectifs sains	Votre groupe trébuche lors d'une importante présentation. Au lieu de taper sur votre chaise ou d'être furieux envers tout le monde, vous prenez le temps d'évaluer la situation. Vous reconnaissez l'échec, admettez de possibles raisons à cela ; ensuite, vous rassemblez votre équipe, leur faites part de vos sentiments, et travaillez ensemble pour tirer partie de leurs erreurs.

3. Motivation	Être motivé(e) par une énergie interne, non par des récompenses externes	Vous êtes à la recherche de challenges créatifs, aimez apprendre, et prenez un réel plaisir à rendre un bon travail. Vous explorez constamment de nouvelles et de meilleures approches pour réaliser votre travail.
Capacité à établir des relations avec les autres		
4. Empathie	Prendre en compte les sentiments des autres lors d'une prise de décision	Vous attribuez à l'un de vos collaborateurs un projet en or, laissant les autres désappointés. Mais vous prenez en compte les sentiments des mécontents et trouvez des manières équitables de traiter tout le monde sur le long terme.
5. Compétences sociales	Créer des rapports avec d'autres personnes, les inviter à coopérer, et les faire bouger dans votre direction	Vous êtes convaincu que le futur pour votre entreprise, c'est Internet. Vous trouvez des gens ayant la même opinion que vous, et vous utilisez vos compétences sociales pour tisser ensemble une communauté virtuelle vous supportant, parmi tous les niveaux, fonctions et divisions. Vous utilisez cette équipe pour créer un prototype de site Web innovant, et vous recrutez dans différentes unités pour représenter votre société à une convention importante sur l'industrie internet.

1.3.2. Renforcer votre intelligence émotionnelle

Il est possible de renforcer votre intelligence émotionnelle[1]. Toutefois, les experts conseillent de ne pas suivre de programmes traditionnels sur le management.

---

1. Voir Daniel Goleman, *L'Intelligence émotionnelle.*

21

À la place, ils recommandent de faire ce qui suit :

- Ayez un retour de la part de vos collègues pour mettre en lumière la compétence en intelligence émotionnelle que vous devez améliorer en priorité ;
- Entraînez-vous à de nouveaux comportements autant que possible ; par exemple, faites-vous penser à exprimer la colère et la frustration d'une manière plus productive (tel que marcher d'un pas vif) ;
- Prenez un engagement personnel à faire évoluer votre intelligence émotionnelle.

Obtenir des retours de ses actions est le principal moyen de renforcer son intelligence émotionnelle.

Comme tout autre développement professionnel, améliorer votre intelligence émotionnelle demande des efforts, du temps et de la patience. Toutefois, les investissements paieront de gros dividendes.

Car il est clair que vous pouvez devenir un manager plus performant en renforçant votre intelligence émotionnelle.

> « L'être humain accompli est celui qui a la volonté de changer ce qu'il peut changer, la sérénité d'accepter ce qu'il ne peut pas changer, la sagesse d'en faire la différence. »
>
> MARC AURÈLE – Empereur Romain Ier siècle

2. Le management des autres

2.1. Manager des équipes

> « J'ai eu à prouver que je méritais le respect et la confiance de mon équipe » – Un manager

Tous les groupes ou départements ne constituent pas des équipes. Certains domaines – tel, par exemple, celui des brokers dans les sociétés d'investissement – n'ont pas besoin du concept d'équipe.

En revanche, dans beaucoup de projets, une équipe soudée, fonctionnelle peut produire de bien meilleurs résultats que des individus isolés. Si vous pensez que votre groupe tirerait bénéfice d'une organisation en équipe, alors faites l'effort de construire une équipe efficace.

2.1.1. Qu'est-ce qu'une équipe ?

Une équipe est beaucoup plus qu'un groupe d'individus travaillant ensemble.

Au contraire, c'est un petit nombre d'individus aux compétences complémentaires engagés sur :

- un projet commun ;
- des objectifs de performance partagés ;
- une mission sur laquelle ils engagent collectivement leur responsabilité.

Une équipe est un ensemble de personnes travaillant sur un projet commun...

2.1.2. Pourquoi créer des équipes ?

Les organisations mettent en place des équipes différentes pour des objectifs différents. La mise en place d'une équipe est particulièrement enrichissante quand le travail de votre groupe :

- requiert une combinaison de savoir, d'expertise et de perspective qui ne peut être trouvée chez un seul individu ;
- requiert un degré important d'interdépendance au sein des membres du groupe ;
- fait face à un défi majeur.

... qui requiert une combinaison de savoirs et d'expertise.

2.1.3. Comment mesurer le bénéfice d'une équipe ?

Quand une équipe fonctionne bien, les résultats peuvent devenir très productifs.

Ils peuvent inclure :

- une performance et une créativité accrues par le talent de tous les membres de l'équipe focalisés sur un problème ou une tâche ;
- une utilisation effective de la délégation et de la flexibilité dans l'assignement des tâches ;
- une communication améliorée ;
- un développement et une formation accrus ;
- une implémentation effective quand tous les membres de l'équipe partagent les mêmes engagements et responsabilités.

Le bénéfice d'une équipe se mesure à ses performances et à sa bonne communication.

La plupart de ces avantages proviennent de la synergie des compétences et expériences des membres de l'équipe.

De plus, les équipes tendent à établir de nouveaux processus de communication encourageant la résolution de problèmes. Beaucoup d'acteurs prennent du plaisir et sont motivés par le travail en équipe. C'est dans l'espace de l'équipe qu'ils donnent le meilleur d'eux-même.

2.1.4. Comment gérer une équipe

Des conflits liés à des choix antinomiques peuvent apparaître ;

Vous devrez adapter votre style managérial à la situation de l'équipe ; pour cela, point n'est besoin de changer radicalement d'approche. Au contraire, il est plus question d'ajuster votre comportement d'aujourd'hui, et d'y inclure quelques nouveaux types de comportement qui vous aideront à mieux gérer votre équipe.

Considérez les quatre axes ci-dessous :

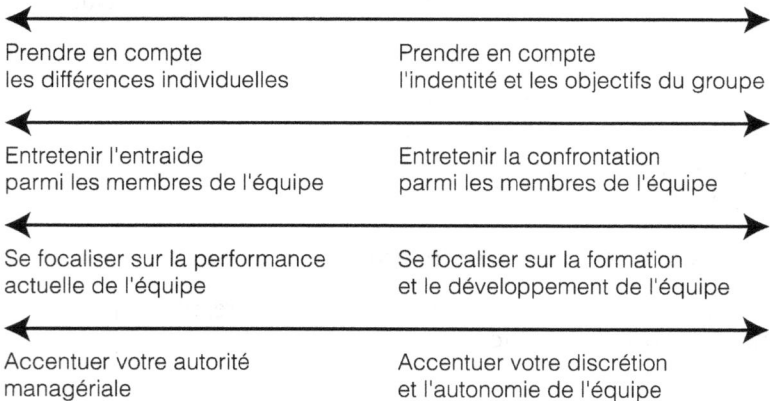

Prendre en compte les différences individuelles	Prendre en compte l'indentité et les objectifs du groupe
Entretenir l'entraide parmi les membres de l'équipe	Entretenir la confrontation parmi les membres de l'équipe
Se focaliser sur la performance actuelle de l'équipe	Se focaliser sur la formation et le développement de l'équipe
Accentuer votre autorité managériale	Accentuer votre discrétion et l'autonomie de l'équipe

Il est bon de savoir passer d'un choix à son opposé afin d'établir un équilibre.

Chacun des axes illustre une paire de forces en conflit, au cœur de la vie de toute équipe. Pour chacun d'eux, il faut choisir en fonction du cas vers quelle polarité se diriger. Dans certains cas, il sera bénéfique de se situer quelque part au milieu. Tout cela dépend des besoins de votre équipe.

Si vous restez trop longtemps d'un côté d'un axe, la performance de votre équipe risque d'en souffrir.

© Éditions d'Organisation

Le tableau ci-dessous vous donne quelques exemples de cas qui vont vous « coller » à un bout d'un axe, et ce que vous pouvez faire pour en sortir.

Action	Risque de conséquences fâcheuses	Votre challenge pour échapper à ces difficultés
Vous mettez en exergue les différences individuelles au sein de votre équipe.	Les membres de votre équipe peuvent devenir *trop* compétitifs, pouvant entraîner des conflits et développer un état d'esprit basé sur la réussite/l'échec.	Autorisez les différences et la liberté individuelles, mais fixez des objectifs communs et définissez des agendas que *tous* doivent suivre.
Vous mettez en exergue l'entraide au sein de votre équipe	Les membres de l'équipe évitent les confrontations musclées et productives ; ils s'interdisent de penser et d'exprimer leurs sentiments dans le but de préserver l'harmonie.	Trouvez des manières d'encourager les membres de votre équipe à exprimer les idées conflictuelles sans laisser les désagréments devenir trop personnels.
Vous mettez en exergue la performance actuelle de votre équipe	Votre équipe se focalise sur les résultats à court terme, ne développe pas de capacité d'apprentissage ; elle a besoin de s'attaquer à de nouveaux challenges et d'innover dans le long terme.	Considérez les erreurs comme source d'enseignement plutôt que comme actes à punir. Encouragez la prise de risque.
Vous mettez en exergue votre autorité managériale	Les membres de votre équipe n'ont pas les moyens de développer leurs propres compétences de prise de décision et de pensée critique.	Décidez quand : 1. prendre une décision seul ou 2. conjointement avec un membre de l'équipe ou 3. demander un consensus ou 4. déléguer la responsabilité de la décision. Vous avez ici plusieurs choix.

Trouver le juste équilibre entre les quatre axes est un art délicat ; mais cela vaut le coup pour construire une équipe efficace, flexible et innovante qui peut s'adapter au changement et aux défis qui surgissent.

2.2. Manager des individus

2.2.1. Les styles managériaux

Tout manager doit savoir adapter son style managérial à un collaborateur.

Aussi important que le fait d'ajuster son style de management face à une équipe, vous devrez adapter votre façon de diriger des individus différents au sein de votre équipe. Vous devrez donc avoir recours à différents types de leadership pour chaque individu, en fonction, par exemple, de son niveau de développement professionnel ou de son engagement dans son travail.

Le tableau suivant vous donne quelques exemples :

Niveau de développement	Exemple	Style approprié
Débutant	Un membre de l'équipe démarre sa carrière, ou rejoint l'équipe à un nouveau poste.	**Diriger** : vous devez suivre la personne plus directement et lui fournir des instructions et demandes plus explicites.
Désillusionné	Un membre de l'équipe se sent amer ou plein de ressentiments au sujet de problèmes dans l'équipe	**Coacher** : vous identifiez les inquiétudes de la personne et travaillez avec elle afin de les dépasser.
Agit à contre cœur	Un membre de l'équipe manque de confiance pour s'engager à 100 % dans son travail.	**Supporter** : vous encouragez la personne à identifier ses forces, et en s'appuyant sur celles-ci à prendre graduellement de plus en plus de risques.
Au top niveau	Un membre de l'équipe est au top de son « jeu ».	**Déléguer** : vous donnez à la personne suffisamment de latitude et la responsabilisez avec des tâches clés et des prises de décision.

L'analogie la plus simple correspond à l'éducation des enfants qui commence... au berceau (état de dépendance totale) pour les conduire à devenir de plus en plus autonomes (apprentissages successifs de l'expression à partir des pleurs, du sourire, de la marche, du langage...). Pour apprendre à nager à un enfant de 12 mois, on ne le jette pas à l'eau.

Le rôle du manager est de placer la barre toujours un peu plus haut pour faire progresser ses collaborateurs et les faire passer du stade de débutant à celui de confirmé. Si la barre est trop haute, ils n'y arrivent pas et se découragent ; si elle est trop basse, ils pourraient avoir l'impression d'être déconsidérés, et se démotiver.

La principale difficulté réside dans le fait qu'un même collaborateur peut avoir différents niveaux de maturité pour les différentes tâches requises dans un même poste (par exemple, être à l'aise pour négocier une offre commerciale, et pas du tout pour préparer un budget...).

Ceci implique de la part du manager un ajustement permanent et une grande qualité d'écoute pour jauger la maturité de son collaborateur pour chaque tâche et adopter le style approprié. Dans la pratique, ce n'est pas aussi évident qu'il y paraît. Une première étape est d'en prendre conscience et de se placer en situation d'observer ses collaborateurs (« tiens, pourquoi dit-il cela ?... »), de poser des questions tests pour s'assurer de sa maturité réelle...

Exemple

Si vous êtes responsable régional des ventes avec une équipe de commerciaux, vous devez savoir ce dont chaque membre de votre équipe a besoin – et ces besoins seront très différents :
- Une nouvelle recrue vous prendra plus de temps, demandant des règles et des instructions précises. Vous devrez l'aider à chaque fois qu'elle s'attaquera à une nouvelle compétence, lui offrant des suggestions, des retours et un cadre de référence. Si, toutefois, vous laissez cette personne se prendre en charge toute seule, elle risquera de faire de nombreuses erreurs, se sentira abandonnée et se découragera – c'est l'échec assuré ;
- Par contre, votre meilleur commercial possédant 15 ans d'ancienneté n'a besoin que de peu d'accompagnement. Laissez-lui assez d'espace pour s'exprimer et donner le meilleur de lui-même. Vous pouvez même lui demander de devenir « mentor » de la nouvelle recrue. Si vous êtes trop directif et le jugez comme un nouveau dans l'équipe, il se sentira frustré, et vous en voudra de votre manque de confiance.

Les individus expérimentent des *degrés* de développement professionnel et d'engagement. Vous devez donc y répondre avec des *degrés* de direction, coaching, support et délégation appropriés.

L'adaptation engendre la confiance.

Si vous changez votre style de management pour vous adapter à la situation et aux besoins des individus, vous obtiendrez leur confiance et leur reconnaissance.

2.2.2. Le coaching

Le coaching est une aide et une co-construction.

En tant que manager, vous devez coacher vos collaborateurs et leur donner des retours. Parfois, vous serez amené à en faire de même pour vos collègues et vos supérieurs. Ainsi, vous acquérrez un rôle de mentor à différents niveaux.

Le coaching est un partenariat à deux voies entre deux personnes – généralement le manager et un de ses collaborateurs – au cours duquel les deux parties partagent leur savoir et leur expérience dans le but d'optimiser le potentiel du « coaché » afin de l'aider à atteindre ses objectifs. C'est un acte partagé au cours duquel le « coaché » participe activement à l'expression de ses besoins.

Le tableau ci-dessous fournit plus de détails sur ce qu'est et ce que n'est pas le coaching :

Le coaching est...	Le coaching n'est pas...
Une méthode de formation et de développement	Un temps uniquement lié à la critique
Un moyen de guider quelqu'un vers ses objectifs	Un moyen de diriger les actions de quelqu'un dans le but d'atteindre vos propres objectifs
Le partage d'expérience et d'opinions dans le but de générer des résultats communs	Une chance d'être le « chef » qui possède toutes les réponses
Un moyen pour inspirer et soutenir une autre personne	Une manière d'aborder des problèmes personnels

2.2.3. Pourquoi avoir recours au coaching ?

Vous pouvez décider avec un de vos collaborateurs d'entrer dans une relation de coaching. À condition que vous soyez tous deux conscients que l'objectif commun est l'augmentation de la performance.

Au travers des séances de coaching, vous pouvez aider vos collaborateurs à :

Le coaching permet de développer des compétences professionnelles...

- maximiser leurs forces (par exemple, fondées sur leurs compétences analytiques) ;
- dépasser des obstacles personnels (par exemple, réduire la peur de prendre la parole en public) ;
- apprendre de nouvelles compétences dans le but d'être plus productif (par exemple, développer des compétences avancées en communication) ;
- être prêts à prendre de nouvelles responsabilités (par exemple, acquérir des compétences en leadership) ;
- trouver de nouvelles voies pour améliorer leur façon de gérer leur temps ;
- clarifier leurs objectifs de performance (par exemple, apprendre à définir des objectifs plus réalistes).

Quelques autres bénéfices du coaching :

... aussi bien que des compétences personnelles.

- accroître la satisfaction et la motivation du coaché ;
- améliorer les relations de travail entre vos collaborateurs et vous-même ;
- avoir des membres d'une équipe productifs ;
- utiliser de manière efficace toutes ses ressources ;
- progresser vous-même – en tant que coach, vous acquérrez du savoir et de l'expérience.

2.2.4. Coacher ou donner des retours ?

Le coaching repose sur un agrément mutuel ; il n'est donc approprié qu'en certaines circonstances. Vous aurez alors besoin d'intervenir plus directement en affirmant votre autorité quand :

Il faut savoir sortir de la relation de coaching quand la situation l'impose.

- un collaborateur aura clairement violé les règles de l'entreprise ou les valeurs de votre organisation ;
- une nouvelle recrue demandera plus de directives pour certaines tâches ;
- le coaching ne parviendra pas à accroître les performances.

2.2.5. Donner et recevoir un retour d'appréciation

**Le retour d'appré-
ciation permet
d'offrir des axes
d'amélioration.**

Dans l'univers professionnel, les retours d'appréciation sont le partage d'observations sur les performances ou les comportements liés au travail. Le but est de renforcer les comportements efficaces et de modifier ceux qui ne le sont pas. Bien que similaire parfois au coaching, le retour d'appréciation est une forme plus directe d'intervention et peut intervenir avec le consentement ou non de la personne.

Le retour d'appréciation est très constructif et apporte beaucoup ; il ne critique ni ne juge. Ce n'est pas une énumération de fautes. Au contraire, il prodigue des conseils qui permettent à l'interlocuteur de s'améliorer.

En fonction de vos besoins, vous pouvez donner sur quelqu'un des retours d'appréciation fondés sur des objectifs à court terme ou à long terme.

Vous pouvez également donner des retours dans différentes directions :
- à votre chef ;
- à l'un de vos collaborateurs ;
- à l'un de vos collègues.

2.2.6. Pourquoi donner des retours d'appréciation ?

**Il permet de
recadrer ou
d'encourager
certains actes...**

En donnant des retours d'appréciation efficaces à quelqu'un, vous :
- redirigez le comportement de cette personne, ou pointez un chemin d'action plus productif ;
- renforcez ou encouragez une manière de travailler ;
- coachez la personne afin qu'elle atteigne de meilleures performances.

En tant que manager, vous pourriez avoir plusieurs objectifs en tête. Vous pourriez vouloir :
- *donner* des retours d'appréciation pour aider un collaborateur, un collègue ou votre chef à atteindre ses objectifs ;
- *recevoir* un retour d'appréciation de la part de vos collaborateurs, collègues ou chef pour améliorer vos propres performances.

Le retour d'appréciation peut aider chacun sur différents aspects de son travail :

... tant sur le plan relationnel que professionnel.

- **Relationnel** – comment une personne interagit avec les autres ;
- **Processus** – comment elle réalise son travail ;
- **Résultats** – quelles sont ses performances pour des objectifs mesurables ?

2.2.7. Manager des comportements

Comme nous l'avons déjà vu, les styles de comportements ont beaucoup d'influence sur les motivations des acteurs. Il convient donc de les prendre en compte lorsqu'on manage des individus.

Le modèle DISC nous donne des exemples de choses à faire ou ne pas faire vis-à-vis de ses collaborateurs, en fonction de leurs différents « traits » de caractère :

Pour bien communiquer avec un « Dominant » :

La connaissance d'une théorie comportementale permet d'adapter son langage et ses actes à ses collaborateurs.

- Être direct, bref, et s'en tenir au sujet ;
- Se concentrer sur la tâche ; s'en tenir au travail ;
- Avoir une approche orientée vers les résultats ;
- Identifier les opportunités, les défis ;
- Créer des situations gagnant/gagnant ;
- Utiliser une approche logique ;
- S'en tenir aux points principaux ; ne pas abuser des données ;
- Ne pas le toucher ; garder ses distances.

Pour bien communiquer avec un « Influent » :
- Laisser du temps pour les relations personnelles ;
- Se détendre ; s'amuser ;
- S'enquérir de sentiments et d'opinions ;
- Toucher la personne (bras et avant-bras) ;
- Environnement amical, non menaçant ;
- Impliquer pour trouver de nouvelles idées et approches ;
- Attendre des décisions rapides ;
- Donner des occasions de reconnaissance et de récompense.

Pour bien communiquer avec un « Stable » :
- Être patient ;
- L'encourager à exprimer ses opinions ;

- Fournir une approche logique des faits ;
- Se détendre ; donner du temps à la discussion ;
- Montrer comment il va tirer avantage des solutions ;
- Définir clairement tous les domaines ;
- L'impliquer dans la planification.

Pour bien communiquer avec un « Conforme » :
- Se servir de données et de faits ;
- Examiner l'argument sous tous les angles ;
- Se concentrer sur la tâche ;
- Manifester son désaccord avec les faits, pas avec la personne ;
- Se concentrer sur la qualité ;
- Éviter les solutions « nouvelles », s'en tenir aux idées éprouvées ;
- Ne pas le toucher ;
- Lui laisser le temps de penser.

2.3. Le triangle des relations

L'équilibre entre le manager, son équipe et les individus qui la composent...

L'ensemble des relations qui unissent un manager à ses collaborateurs et les collaborateurs entre eux peuvent être représentées sous la forme d'un triangle :
- la relation du manager à l'équipe en tant qu'entité ;
- la relation individuelle du manager avec chacun des membres de l'équipe ;
- la relation de chaque membre de l'équipe avec l'équipe en tant qu'entité.

Le schéma ci-dessous illustre ces relations :

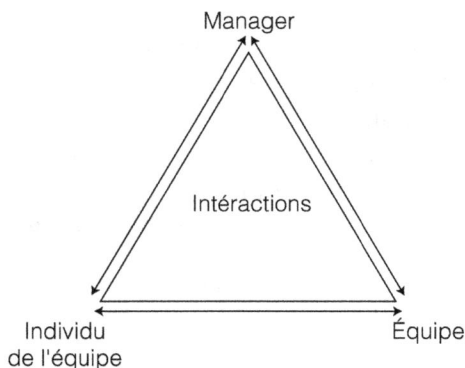

Manager

Intéractions

Individu
de l'équipe

Équipe

Les relations entretenues sur l'une des branches du triangle affecent les relations sur les deux autres branches.

... garantit une bonne productivité.

Si l'une de ces relations est trop développée, au détriment des deux autres, les performances de toute l'équipe s'en ressentiront.

La modération apparaît souvent comme une clé du succès. Plus vous pourrez établir un équilibre entre ces trois relations, plus votre équipe sera à même d'être en bonne santé et productive.

2.4. Promouvoir la diversité et assimiler la culture de groupe

2.4.1. Promouvoir la diversité

Pour beaucoup de gens dans l'univers de l'entreprise, le mot *diversité* est employé avec une connotation raciale ou sexiste.

Diversité, synonyme de différence.

Mais *la diversité* recouvre bien d'autres formes : vos chefs, collègues et collaborateurs peuvent se révéler très différents dans bien des domaines :

- *Expérience.* Certains sortent à peine du système scolaire et entrent pour la première fois dans le monde du travail, alors que d'autres sont assez expérimentés ;
- *Milieu culturel.* Les uns et les autres viennent de différentes régions ou de différents pays.
- *Capacité physique.* Certains peuvent utiliser des formes variées d'assistance technologique, tel qu'un logiciel de reconnaissance vocal, pour accomplir leur travail.
- *Façon de travailler ou d'apprendre.* Certaines personnes approchent un travail de manière logique et méthodique ; d'autres vont être plus intuitives et créatives.

Les différences nécessitent une adaptation des comportements...

Ces différences affectent naturellement très fortement les besoins, les voies de communication et d'interaction, ainsi que les priorités de chacun.

Mais il y a encore d'autres formes, plus intangibles, plus abstraites (et très personnelles) de diversité.

Ces différences peuvent entraîner de réelles difficultés à construire des relations entre collaborateurs. Par exemple, certains peuvent avoir une vision sensiblement différente sur :

- *leurs motivations professionnelles.* Ils peuvent aspirer à une carrière managériale pour eux-mêmes ou au contraire vouloir continuer à œuvrer comme contributeurs individuels.
- *leurs préférences en terme de management.* Certains auront besoin d'être plus encadrés que d'autres ou auront besoin de plus ou moins de contact avec vous (sous forme de réunions régulières ou échanges de courriels).
- *leur niveau d'expérience.* Pour effectuer les mêmes tâches, ils pourront avoir des niveaux d'expérience différents en fonction de leur histoire professionnelle, leur formation et leur éducation.
- *leur style personnel.* Chacun de vos collaborateurs va avoir sa propre façon d'interagir avec les autres, de travailler, de gérer les conflits, etc. Malheureusement, certains vont se révéler problématiques ; par exemple, ils seront peu motivés par leur travail, se montreront arrogants, ou auront des traits de caractère qui amèneront leurs camarades à se détourner de leur travail.

... mais constituent la richesse principale de l'équipe.

Prises ensembles, toutes ces différences créent à la fois le challenge et la richesse de la fonction de manager. Les différences profondes entre deux personnes peuvent entraîner des incompréhensions ou d'autres difficultés ; mais elles sont à la base des contributions individuelles qui servent à la construction d'une équipe.

En effet, plus l'équipe sera diversifiée, plus elle pourra apporter une variété d'idées, de perspectives, de compétences et de capacités personnelles, de solutions aux problèmes.

2.4.2. Assimiler la culture de votre groupe

Chaque groupe possède sa propre culture...

En découvrant une nouvelle équipe, vous pouvez être confronté à une surprise forte : l'équipe que vous allez diriger possède sa propre culture.

Cette culture se traduit par une manière spécifique de :
- résoudre les problèmes et de faire face aux challenges ;
- terminer son travail ;
- communiquer ;

34

- apprendre ;
- gérer les conflits ;
- interagir avec d'autres groupes ;
- marquer les succès et gérer les déceptions.

... et donc ses propres règles ;

Cette culture s'est construite à partir des caractéristiques spéciales et différentes des membres du groupe. La culture de ce groupe a aussi été façonnée par le style personnel et les attentes de l'ancien manager.

Prenez du temps avant de modifier ces règles.

Pour réussir dans la construction de relations fortes avec vos collaborateurs, n'essayez pas de changer les choses trop rapidement. Dans un premier temps, laissez-vous imprégner de la culture dont vous avez hérité.

Lorsque cette étape sera franchie et seulement à ce moment-là, vous pourrez déterminer comment aider au mieux les membres de votre équipe à réussir individuellement et à atteindre collectivement vos objectifs stratégiques.

Évitez tout préjugé sur un nouveau groupe.

Les managers héritant d'une nouvelle équipe ont souvent les préjugés suivants :

- tous leurs collaborateurs sont identiques en terme de travail, style personnel, passé culturel, etc. ;
- tous les membres de l'équipe possèdent les mêmes motivations, objectifs et valeurs qu'eux-mêmes ;
- pour être honnête envers eux, on doit tous les traiter de la même manière.

Considérez les individus au sein de tout nouveau groupe...

Quelques managers pensent qu'ils peuvent modeler leurs collaborateurs à leur image, même quand des différences fondamentales entre les individus du groupe apparaissent ; « changeons-les pour qu'ils nous ressemblent ». Ces efforts se soldent couramment par résistance ou rancune de la part des salariés.

Formulez des stratégies réalistes afin qu'une nouvelle équipe prenne forme.

Dans un premier temps, reconnaissez que chaque membre de votre équipe est une personne unique avec sa personnalité propre, ses compétences et ses attitudes.

... en apprenant à les connaître un par un de manière impartiale.

Ensuite, vous pourrez suivre les étapes suivantes :
- **Apprenez à connaître réellement vos collaborateurs.** Tout en parlant avec eux, posez-vous les questions suivantes :
  - Comment préfèrent-ils être managés ?
  - Qu'est-ce qui les motive (la logique, le recours émotionnel, de nouvelles idées excitantes) ?
  - Qui a besoin d'être constamment soutenu ?
  - Qui a besoin de beaucoup d'éloges ?
  - Comment réagissent-ils face à un conflit ?
- Grâce à cette observation et cette réflexion, voyez alors comment traiter honnêtement chacun d'entre eux afin de l'aider à réussir.

L'impartialité se révèle réellement dans le choix de la meilleure manière d'aider *chaque* collaborateur direct à réussir. Et ces manières diffèrent car elles dépendent de situations différentes rencontrées par vos collaborateurs.

Contrairement aux apparences c'est en les traitant différemment que vous leur donnez une chance égale de bien faire.

Note : la plupart du temps vous hériterez d'une équipe déjà en place, mais au fil du temps, vous recruterez et pourrez ainsi modeler votre propre équipe.

2.5. Construire sa propre perception

« Je veux traiter les gens de la façon dont j'ai toujours voulu être traité » – Un manager

Le rôle de manager entraîne des changements profonds.

Beaucoup de managers désirent acquérir de nouvelles compétences dans le but de réussir dans leur nouveau rôle. Toutefois, ils ne réalisent pas tous que ce rôle managérial va également changer qui ils sont en tant que *personne*.

Quand vous commencerez à vous consacrer à votre nouveau rôle de manager, vous expérimenterez des changements sur ces trois dimensions :
- vos motivations pour être manager ;

© Éditions d'Organisation

- l'évaluation de votre capacité à accomplir ce travail ;
- votre identité professionnelle.

2.5.1. Motivation : « pourquoi est-ce que je veux devenir manager ? »

Beaucoup de futurs managers attendent leur nouveau rôle avec impatience, croyant qu'il va leur permettre :

- d'assumer plus d'autorité et de responsabilités ;
- de gagner plus d'argent ;
- d'« être le boss » ; d' exercer plus de pouvoir et d' influence ;
- d'améliorer des pratiques perfectibles et de montrer aux autres leur savoir-faire ; **Les motivations premières...**
- de parvenir à un nouveau statut plus prestigieux ;
- d'obtenir de la reconnaissance pour leur participation au succès de l'organisation.

Mais très vite après avoir pris leurs nouvelles responsabilités, ces managers fraîchement promus découvrent avec surprise que leur travail n'entre que pour très peu en ligne de compte dans le développement de leur propre personnalité, de leur pouvoir et de leur succès, mais profite au groupe, à son efficacité et à son succès. **... se recentrent très vite sur l'efficacité de son groupe.**

En effet, les managers entrants sont souvent consternés de découvrir que :

- ils ont bien moins de pouvoir et de prestige qu'ils ne l'avaient imaginé ;
- leurs critères de performances sont moins clairs que ceux qu'ils avaient en tant que contributeur individuel ;
- il faut du temps avant de voir porter les fruits de leur travail.

D'un autre côté, être manager vous conduit à :

- aider vos collaborateurs à exceller et réaliser leurs propres rêves ;
- voir vos employés acquérir de nouvelles compétences et prendre confiance en eux ;
- ouvrir de nouvelles opportunités de carrière pour les membres de votre équipe ;

- constater que l'échelle et la portée de votre impact sur l'organisation peut être beaucoup plus grande qu'en tant que contributeur individuel.

Quelles qu'aient été vos motivations à devenir manager, soyez honnête avec vous-même et restez ouvert au changement !

2.5.2. *Capacités : « est-ce que je possède ce qu'il faut pour réussir ? »*

Très vite, vos questions, telles que « *Est-ce que j'aimerais être un manager ?* », se changeront en des questions beaucoup plus angoissantes : « *Est-ce que je serais un bon manager ?* ».

Pour répondre à cette deuxième question, les managers ont besoin d'évaluer leur impact personnel sur l'organisation, tout en réalisant que :

Les incertitudes, insatisfactions, le temps sont autant de challenges que le manager doit relever.

- par le passé, la performance des managers était évaluée sur des critères plus subjectifs (telle que leur capacité à motiver les autres), que sur des critères objectifs, mesurables (tel que le volume des ventes par trimestre). Ceci est toutefois en train de changer ; les sociétés demandent des mesures d'évaluation plus objectives, même pour les managers. Ainsi, l'évaluation managériale inclut des mesures à la fois subjectives et objectives ;
- il n'y a pas de solutions parfaites aux problèmes que rencontrent les managers. La solution la plus exploitable doit être trouvée – il s'agit souvent de trouver, après de nombreux échanges, un point d'accord entre des intérêts divergents ;
- ils ne pourront pas contenter tout le monde. Il y aura toujours des insatisfaits ou des personnes vexées, et une partie des projets ne sera pas accompli ;
- souvent, ils ne verront leurs résultats qu'à très longue échéance ;
- ils effectuent leur travail par l'intermédiaire des autres, et non pas au travers de leurs actions directes.

À la lumière de ces challenges d'évaluation personnelle, comment jauger votre impact sur *votre* organisation après être devenu manager ?

1. Commencez par évaluer votre influence sur des individus spécifiques, spécialement des collaborateurs directs.

Exemple

Un responsable commercial coache un de ses commerciaux sur la façon de conclure une affaire, et regarde, le trimestre écoulé, si son intervention a permis au collaborateur d'augmenter son chiffre d'affaires.

2. Ensuite, observez comment vous pourriez agir sur la culture d'entreprise.

Exemple

Un manager qui a l'habitude d'utiliser l'humour pour motiver les autres commence à noter que ses collaborateurs directs utilisent aujourd'hui l'humour entre eux pour se booster le moral.

3. Demandez à d'autres personnes quel est votre impact sur l'organisation. Recueillez différentes impressions – de collaborateurs directs, collègues, chefs et clients – sur votre style, votre travail ou votre influence.

Exemple

Demandez à votre chef de diriger une revue trimestrielle sur vos performances.

4. Développez vos propres critères objectifs pour évaluer vos performances.

Exemple

Suivez le taux de turnover dans votre équipe, le nombre et la qualité des plaintes de clients, etc.

5. Recherchez les modèles communs ou opposés que vous recevez de vos retours.

Exemple

Vous pouvez découvrir que vos collaborateurs et votre chef vous trouvent timide, alors que le reste de l'entreprise vous trouve trop agressif.

© Éditions d'Organisation

6. **Faites attention à votre comportement ; analysez comment vous gérez différentes situations.**

Exemple

Observez comment vous saluez vos collaborateurs en début de journée. Etes-vous souriant(e), et dites-vous bonjour à chaque membre de votre équipe ? Ou bien vous précipitez-vous dans votre bureau pour lire vos courriels et écouter vos messages ?

En collectant différentes informations de différentes sources, vous pouvez réunir des témoignages qui vous donneront une image globale de votre impact sur la société.

2.5.3. *Décalage d'identité : « Qui deviens-je ? »*

L'expérience accumulée dans le rôle de manager nous fait découvrir de nouvelles facettes de notre personnalité. Certaines de ces découvertes peuvent être encourageantes.

Certaines découvertes sur l'identité du manager sont positives...

Par exemple, un manager découvre que :

- nombre de ses collègues et collaborateurs le voient plus empathique et plus à l'écoute qu'il ne se voit lui-même ;
- il possède des ressources insoupçonnées d'enthousiasme ;
- il semble spécialement bon dans le fait de donner un retour constructif aux gens à la fois sur les points faibles et les points forts.

... d'autres moins...

Mais d'autres découvertes peuvent être déroutantes. Par exemple, il se rend compte que :

- il est perçu comme trop agressif, demandeur, dictateur, rude, indécis, etc.
- il a moins confiance en lui qu'il ne le pensait, ou il est littéralement effrayé à l'idée d'affronter certaines réalités de son travail.

... mais le manager reste maître de ses propres changements.

Votre premier objectif est de comprendre que *vous* dirigez vos propres changements d'identité. Vos devez réconcilier vos intentions avec votre impact. Comment voulez-vous être perçu par les autres, et quel est l'impact actuel de votre comportement sur les autres ? Votre tâche est de reconnaître les distorsions entre les intentions et la réalité et de mieux les faire coïncider.

3. Le management de la communication

> « Il est certains esprits dont les sombres pensées
> Sont d'un nuage épais toujours embarrassées ;
> Le jour de la raison ne le saurait percer.
> **Avant donc que d'écrire, apprenez à penser.**
> Selon que notre idée est plus ou moins obscure,
> L'expression la suit, ou moins nette, ou plus pure.
> **Ce que l'on conçoit bien s'énonce clairement,**
> **Et les mots pour le dire arrivent aisément.**
>
> Surtout qu'en vos écrits la langue révérée
> Dans vos plus grands excès vous soit toujours sacrée.
> En vain, vous me frappez d'un son mélodieux,
> Si le terme est impropre ou le tour vicieux :
> Mon esprit n'admet point un pompeux barbarisme,
> Ni d'un vers ampoulé l'orgueilleux solécisme.
> Sans la langue, en un mot, l'auteur le plus divin
> Est toujours, quoi qu'il fasse, un méchant écrivain.
>
> **Travaillez à loisir, quelque ordre qui vous presse,**
> **Et ne vous piquez point d'une folle vitesse :**
> Un style si rapide, et qui court en rimant,
> Marque moins trop d'esprit que peu de jugement.
> J'aime mieux un ruisseau qui, sur la molle arène,
> Dans un pré plein de fleurs lentement se promène,
> Qu'un torrent débordé qui, d'un cours orageux,
> Roule, plein de gravier, sur un terrain fangeux.
> **Hâtez-vous lentement, et, sans perdre courage,**
> **Vingt fois sur le métier remettez votre ouvrage :**
> Polissez-le sans cesse et le repolissez ;
> **Ajoutez quelquefois, et souvent effacez.»**

NICOLAS BOILEAU – L'art poétique

3.1. La Méta-communication

> « On a toujours tort d'essayer d'avoir raison devant des gens qui ont toutes les bonnes raisons de penser qu'ils n'ont pas tort. »

RAYMOND DEVOS

Chaque personne possède sa propre perception du monde.

La « méta-communication » est la communication sur notre façon de communiquer. Pourquoi est-ce si important ? Chacun d'entre nous possède une culture, une éducation et un métier qui lui sont propres et nous donne une perception inconsciente du monde. Nous ne voyons pas le monde comme il est, mais comme nous sommes. Deux perceptions différentes peuvent engendrer l'incompréhension, la rivalité ou encore le conflit.

L'image de Boring

Regardez attentivement la célèbre image de Boring. Que voyez-vous ? Une femme jeune ou une femme âgée ?

Les deux figurent sur le même schéma.

Si vous voyez la jeune femme, que diriez-vous à un de vos collaborateurs qui prétend voir une femme âgée ? Ainsi, chaque individu possède sa propre perception du monde qui l'entoure et des messages qui lui sont envoyés.

Dans le processus de communication entre deux personnes, il est nécessaire que les deux personnes possèdent le même niveau de perception.

Reformuler une demande permet de s'approprier un message.

Les conflits ou désaccords sont dus principalement à deux facteurs :

• Le **type de comportement** utilisé : un manager dominant pourra être perçu comme agressif par un de ses collaborateurs ; il est nécessaire alors que le manager exprime son type de comportement vis-à-vis de son équipe ;

- La **sémantique** : « J'ai besoin de ce rapport *pour hier...* ». Le meilleur moyen de clarifier ces communications intempestives est la reformulation. N'hésitez pas à demander à vos collaborateurs de reformuler une demande que vous leur avez faite. La reformulation est le moyen le plus simple de s'approprier un message dans son propre univers.

3.2. La communication orale

> « *Quelle que soit la chose qu'on veut dire, il n'y a qu'un mot pour l'exprimer, qu'un verbe pour l'animer, et qu'un adjectif pour la qualifier.* »
>
> GUY DE MAUPASSANT

3.2.1. L'exposé

L'exposé oral est un mode de communication de plus en plus utilisé dans l'entreprise car il permet à la fois d'accélérer la circulation de l'information, de recueillir immédiatement les avis de toutes les personnes concernées par un problème, et éventuellement de moduler son message en fonction des réactions des destinataires, afin de mieux les convaincre.

L'attention diminue avec le temps.

Toutefois, la capacité d'attention de l'auditoire diminue avec le temps et évolue en cycles. C'est pourquoi l'exposé se devra d'être court et synthétique. Il devra également concerner l'ensemble de l'auditoire pour pouvoir provoquer le débat.

Un bon exposé doit être construit en fonction de l'objectif recherché : informer, obtenir l'adhésion à une idée, provoquer une réaction, entraîner un changement d'attitude ou de comportement, faire agir. Il est donc particulièrement important de tenir compte des capacités d'attention de l'auditoire et de centrer l'exposé sur les grands messages à faire passer, ce qui implique que l'exposé soit court et synthétique.

L'exposé doit être court et synthétique.

Quel que soit le talent de l'orateur, l'intérêt du sujet ou la qualité du support visuel, le niveau d'attention de tout public diminue avec le temps. Aussi convient-il de :

- Limiter la durée des exposés ; si le sujet est très long, on peut le fractionner en périodes de l'ordre de 45 minutes, durée considérée comme optimale, grâce à des pauses ou à des périodes de discussion ;
- Exploiter les périodes d'attention maximale pour formuler les messages clés ;
- Raviver l'attention dans les périodes basses du cycle grâce à des « astuces » telles que des questions, des illustrations humoristiques, une variation de rythme du discours, etc.

« En tant que manager, je pèse de plus en plus chacun de mes mots pour que chacun soit lourd de sens » – Un manager

L'exposé doit être centré sur les grands messages. Un exposé trop détaillé risque de susciter l'ennui et surtout de « noyer » les messages importants, donc de réduire considérablement leur impact. Par conséquent, il vaut mieux se résigner à rester incomplet pour être plus clair et plus percutant. Concrètement, il est essentiel de :

- Présenter d'abord le message important, puis, si nécessaire, l'étayer par quelques points détaillés ; une série de points de détail s'assimile d'autant plus facilement qu'ils expriment un phénomène ou une caractéristique d'un message ;
- Sélectionner les détails indispensables pour couvrir l'ensemble du problème, sans chercher à développer tous les points en profondeur ; il sera toujours possible de rentrer dans le détail lors de la discussion.

L'exposé sera ainsi une synthèse claire du travail effectué par l'auteur.

L'exposé doit concerner l'ensemble de l'auditoire. Il est fréquent que les divers membres d'un auditoire ne se sentent véritablement concernés que par quelques points d'un exposé ; ainsi, dans une réunion destinée à annoncer une nouvelle organisation, chacun sera particulièrement sensible à la partie qui le concerne personnellement, aux modifications de sa position par rapport aux autres, ses habitudes de travail, ainsi que le style de communication adopté.

Un bon exposé doit être conçu de façon à ce que chacun comprenne que son problème personnel n'est en réalité qu'un des aspects d'un problème général qui concerne l'ensemble de l'auditoire. C'est lors de la discussion qu'il sera possible de répondre aux préoccupations plus précises des individus.

Pour s'adresser à l'ensemble de l'auditoire, il faudra identifier le (ou les) profil(s) du groupe, ses préoccupations et ses attentes vis-à-vis du sujet traité.

L'auteur qui prépare un exposé recherche le dialogue ; or le plus sûr moyen d'enterrer une discussion est de répondre aux questions potentielles avant qu'elles ne surgissent ; politiquement, c'est gagner par abandon de l'adversaire, qui ne sera jamais réellement convaincu.

L'exposé doit provoquer le débat.

Un exposé court et synthétique permet à l'auditoire, sans attendre trop longtemps, de demander des éclaircissements et d'exprimer son avis, donc d'engager le dialogue. La participation des auditeurs sera ainsi un gage de leur compréhension et de leur adhésion aux idées exprimées, car elles seront devenues les leurs.

Un exposé court sera d'autant plus efficace que l'articulation des messages entre eux sera claire. Le rôle de la structure est donc particulièrement crucial pour que ces messages soient compréhensibles et mémorisables.

3.2.2. L'appréciation orale

La maturité est un concept clé en management. Elle est avant tout affaire d'expérience. D'où l'importance du statut de l'erreur voire de l'échec. « La véritable erreur, c'est de commettre deux fois la même erreur » ; ce qui suppose qu'un manager doit aussi savoir laisser ses collaborateurs se tromper pour les faire progresser tout en assumant le risque de leur erreur.

Il faut savoir valoriser les réussites et prendre en compte les échecs.

« Tout ce qui ne me tue pas me rend plus fort. »

NIETZSCHE

Un exercice difficile pour le manager consiste à savoir féliciter ou réprimander un collaborateur *de visu* ; les deux attitudes doivent s'inscrire dans une démarche courte et synthétique. L'exercice ne doit pas durer plus d'une minute, ce qui impose au manager une préparation certaine.

Dans le premier cas, le cadre des félicitations doit porter sur le contenu de l'action du collaborateur et non sur le collaborateur lui-même ; l'action doit être mise en avant comme modèle pour le reste de l'équipe. Une mise en avant du collaborateur risquerait d'entraîner de l'amertume de la part de ses collègues, voire de la jalousie.

Le second cas est plus critique, car il s'agit de communiquer une désapprobation sans entraîner la démotivation du collaborateur. Pour cela, maîtriser une méthode comportementale permet de respecter le canal de communication de son interlocuteur afin de rester le plus objectif possible.

3.3. La communication écrite

3.3.1. Le courriel

Ecrire, c'est choisir.

> « *Soyez attentif à ce que vous dites afin de ne rien dire de superflu.* »
>
> CONFUCIUS

Exemple de ce qu'il ne faut pas faire :

Date : Mardi le ..
À :   isabelle ; anne ; georges ; jean-luc ; véronique ; martin ; sébastien ; thierry ; liliane ; marc ; hervé ; eric ; yannick
Objet :
Texte :
Martin a téléphoné pour dire qu'il ne pourra pas assister à la réunion de ce jeudi. Isabelle pense que le rendez-vous peut-être reporté à vendredi, mais pas avant 11 heures, car elle est en réunion avant. La secrétaire de Georges m'a dit que son patron ne rentrait pas de Genève avant demain soir. Quant à Sandrine, elle est tout à fait disponible dès après-demain au plus tôt. La salle de conférence étant réservée vendredi après-midi, mais libre le matin, il me semble que le rendez-vous peut être remis à ce vendredi 11 heures. Est-ce que cela vous convient ?

Ce texte, repris d'un cas réel, contient tout ce qu'il ne faut pas faire !

Le rédacteur doit faciliter la lecture au lecteur. Il doit réfléchir pour écrire, non écrire comme il réfléchit :

- dans un premier temps, il définit les messages à transmettre ;
- dans un second temps, il formule et organise les messages pour en faciliter la transmission ;
- enfin, il choisit les destinataires de ses messages avec pertinence.

On doit d'abord annoncer les messages clés, qu'on peut éventuellement développer et justifier par la suite.

3.3.2. *Présentations écrites et rapports*

> *« Un mauvais style, c'est une pensée imparfaite. »*
>
> JULES RENARD

Pour informer ou convaincre, il faut d'abord qu'un document soit lu, puis qu'il soit compris et correctement interprété ; enfin, il faut que son « message » soit retenu.

Rédigez sous forme de messages

Bonaparte rédigeait des phrases courtes mais combien efficaces :

> *« Soldats, vous êtes nus, mal nourris : le Gouvernement vous doit beaucoup, il ne peut rien vous donner. Votre patience, le courage que vous montrez au milieu de ces rochers, sont admirables ; mais ils ne vous procurent aucune gloire ; aucun éclat ne rejaillit sur vous. Je veux vous conduire dans les plus fertiles plaines du monde. De riches provinces, de grandes villes seront en votre pouvoir ; vous y trouverez honneur, gloire et richesses. Soldats d'Italie, manqueriez-vous de courage et de constance ? »*

Ecrire sous forme de messages est bien, mais ne suffit pas. Il faut que ces messages soient effectivement lus, compris correctement, et retenus.

Un message doit être lu, compris correctement et retenu.

L'auteur doit donc s'efforcer de :

- Capter et conserver l'attention d'un lecteur pressé ; l'idéal est de donner le maximum de faits et d'idées avec le minimum de mots ;
- Lever toute ambiguïté dans ses propos ; une seule interprétation doit être possible.

Il existe des techniques et des règles précises pour y parvenir. Elles se résument à :

- Un vocabulaire simple, précis et concret ;
- Des phrases courtes, structurées et bien ponctuées ;
- Des paragraphes courts et construits ;
- Un style clair et adapté à la situation.

Ce sont là des règles de lisibilité et non de grammaire pour lesquelles existent de nombreux ouvrages de référence.

Un vocabulaire simple, précis et concret.

Le choix des mots est la première clé de la lisibilité. Ils doivent être :

Il doit être simple, précis et concret.

Courts, simples et usuels ; ces mots sont les plus faciles à comprendre. Un mot de plus de deux syllabes ou de plus de 10 lettres oblige l'œil à deux fixations ce qui retarde le lecteur ;

Précis ; les mots véhiculent un sens qui doit être le même pour l'auteur et pour le lecteur ; ils doivent donc être choisis avec soin en prêtant attention à leurs connotations ; ceci force en particulier à remplacer les mots passe-partout tels que « avoir », « faire », « mettre », « voir », « dire », (pour ce dernier, 4 pages dans le Robert, sept sens principaux) par des mots précis ;

Concrets, positifs et actifs ; les mots concrets, imagés, sont préférables aux mots abstraits, car ils évoquent une signification précise et claire dans l'esprit du lecteur. Ceci implique que, dans un écrit professionnel, il vaut mieux utiliser une répétition qu'un quasi-synonyme qui risque de dénaturer le sens.

	Écrivez	plutôt que...
Des mots courts, simples et usuels	Trop Déçu Trou Achat Sens Salaire Enquête	Excessivement Désappointé Anfractuosité Acquisition Acceptions Emoluments Investigation
Des mots précis	Demain À Lyon À 20h30 Neuf Le XB27 Souhaiter Pouvoir Poursuivre	Bientôt Dans une grande ville Le soir Nombre de Le nouveau produit Emettre le vœu Etre en mesure de Courir après
Des mots concrets, positifs et actifs	Lettre Exposé, article Graphique Ouvriers Méthode, moyen	Correspondance Communication Illustration Main-d'œuvre Approche

Structurez les messages de façon logique et convaincante

Plus un rapport est court : meilleure est sa qualité.

Plus un rapport est court : plus il est lu.

Plus un rapport est court : moindre est le temps de rédaction.

Des phrases efficaces

La structure des phrases est la deuxième clé de la lisibilité. L'efficacité d'un document écrit passe par des phrases courtes, structurées et bien ponctuées :

- **Courtes** ; plus une phrase est courte, plus elle est lisible, donc correctement retenue. En effet, la capacité de mémorisation du lecteur moyen est de 17 mots.
  - Sabrer les mots et expressions inutiles (« il est évident que », « en tout cas », « par ailleurs », « il va sans dire »…) ;
  - Éliminer les pléonasmes (« une identification exacte », « un colis d'un poids de 20 kg », « une lettre en date du

20 février », « un congé d'une durée de 15 jours »,
« plusieurs formules différentes ») ;
- Employer des tournures légères – par exemple : « modifier »
au lieu de « apporter des modifications à », « aujourd'hui »
au lieu de « à l'heure où ce document est rédigé »...

- **Structurées** : la structure de la phrase est encore plus importante que sa longueur :
  - Plus un texte est difficile, plus la structure doit être simple.
  La meilleure pour la mémorisation est : sujet, verbe, complément direct ;
  - Le message essentiel doit se trouver dans la première partie
  car celle-ci est toujours mieux retenue.

**La structure
et la ponctuation
facilitent la lecture
d'un message.**

- **Bien ponctuées** : la ponctuation rythme les phrases ; elle
peut aussi en modifier complètement le sens. Une bonne
ponctuation :
  - Facilite la tâche du lecteur ;
  - Maintient son attention en lui ménageant des pauses ;
  - Et surtout, évite de fausses interprétations.

Des paragraphes construits

Les phrases doivent être rassemblées en paragraphes :
- **Courts** : une idée par paragraphe, un paragraphe par idée ;
celles-ci ressortent mieux ainsi, et l'expression visuelle de la
page de texte est plus agréable ;
- **Commençant par une phrase résumé** de l'idée du paragraphe, ce qui améliore la rapidité de lecture et de
compréhension ;
- **Abordant les sous-idées dans un ordre logique** qui aide à la
compréhension. En effet, la cohérence dépend du bon positionnement des principaux éléments d'un texte. Par exemple :
éviter « je pense qu'il va pleuvoir, pourtant il n'y a pas de nuages, par conséquent je prends mon parapluie » et dire « je
prends mon parapluie, car il y a des nuages et il risque de
pleuvoir ».

Un style positif

Plus une notion est difficile, plus le style doit être clair ; il doit
aussi être approprié à la situation. Un bon style sera :
- **Simple :** les effets de style ont rarement leur place dans les
écrits professionnels ; il est toujours préférable d'écrire

simplement : la meilleure façon de dire quelque chose pour être bien compris est la plus simple ;

- **Direct** : écrire court et direct n'est pas « raccourcir » l'information, mais le chemin entre l'auteur et le lecteur, c'est-à-dire rechercher la voie la meilleure pour obtenir une communication efficace dans le minimum de temps. Cela oblige à :

  Le style doit être simple, direct et précis.

  - Sélectionner les informations prioritaires, donc sacrifier les idées secondaires ;
  - Amener ces informations rapidement ;
  - Éviter les répétitions maladroites, inutiles ou injustifiées.
- **Explicite et précis** : il faut éviter les formules vagues ;
- **Actif** : les tournures de phrases actives sont préférables aux tournures passives car elles transmettent mieux une idée d'action ;
- **Évitez les tournures négatives** : évitez « ne pensez pas à une voiture rouge... », car il devient difficile de ne pas avoir la vision d'une voiture rouge au même moment, mais préférez « pensez à une voiture jaune... » ;
- **Adapté au destinataire, suivant :**
  - Son niveau de connaissances, afin d'être sûr qu'il comprendra parfaitement. En effet, un défaut répandu consiste à supposer que le destinataire possède le même niveau de connaissance que l'auteur, ce qui est rarement le cas ;
  - Sa position hiérarchique : il faut user de tact avec ses supérieurs et appuyer ses idées avec des détails précis, mais sans excès (risque d'énervement), et de diplomatie avec ses collègues et subordonnés ;
  - Son point de vue.

	Écrivez	plutôt que...
Explicite et précis	53 %	La majorité
	Je pense que	Mon analyse de la situation
	Les échantillons commandés devraient vous arriver dans trois jours, ils ont été postés hier matin	Votre commande devrait arriver bientôt car nous nous sommes assurés que les services compétents l'avaient bien mise à la poste en temps voulu
	Cette machine doit permettre de réduire de 20 % le nombre d'heures nécessaires au conditionnement	Cette machine permettra d'améliorer significative- ment la production horaire de l'opération de condition- nement
Actif	Vous recevrez les échantillons avant le 7 avril	Les échantillons devraient vous parvenir avant le 7 avril
	Le nouveau directeur général a entrepris de réorganiser la structure de commandement	Une réorganisation de la structure de commande- ment a été entreprise par le nouveau directeur général
Adapté au point de vue du destinataire	Notre produit est le fruit de 10 ans de recher- ches et d'amélioration	Nous fabriquons avec succès ce produit depuis 10 ans
	Mes 10 ans d'expé- rience de la gestion devraient me permettre une contribution posi- tive à votre activité	J'ai 10 ans d'expérience dans la gestion

Enfin, il est important que tous les messages situés au même niveau d'un raisonnement se présentent sous la même forme, afin d'assurer la cohérence du document.

Illustrez les messages

« Un court croquis vaut mieux qu'un long discours. »

NAPOLÉON

Les graphiques et les schémas constituent l'un des moyens les plus efficaces pour rendre simple et facilement compréhensible

© Éditions d'Organisation

une information longue et complexe, tels que les tableaux de chiffres ou les raisonnements compliqués.

Pour se servir des graphiques de manière efficace, il est d'abord indispensable de bien comprendre leur raison d'être et leurs fonctions, c'est-à-dire pourquoi et quand il convient de les utiliser. Ce n'est qu'ensuite qu'il faut apprendre leurs règles de construction et leur mode d'emploi.

Le graphique est le complément du texte ou du discours : il permet de rendre simple et claire une information complexe, longue ou pénible à comprendre, et difficile à communiquer :

Un graphique se retient mieux qu'un discours...

- Il remplace des tableaux de chiffres indigestes par une représentation visuelle qui fera apparaître clairement les relations entre ces chiffres ;
- Il schématise des parties de raisonnement ou des informations très complexes à décrire.

Un graphique remplit une double fonction : dans un premier temps, c'est un outil d'analyse et de compréhension d'une information ; ensuite, c'est un moyen de bien communiquer le message qui en résulte. La forme sera souvent différente dans chaque cas.

... C'est avant tout un outil de communication.

Le graphique outil d'analyse

Analyser un tableau de chiffres et en tirer des conclusions est un travail plutôt fastidieux et qui requiert une certaine expérience. De plus, une telle analyse est souvent incomplète, car, l'imagination dans ce domaine étant généralement limitée, certains enseignements peuvent échapper à l'analyste.

Le graphique permet une représentation simple d'une réalité complexe.

Lorsque le tableau est traduit graphiquement, il devient possible de voir et non plus d'imaginer les valeurs, tendances et relations entre les chiffres. Le graphique permet ainsi une analyse plus rapide, plus sûre et plus complète d'une information complexe.

Le graphique moyen de communication

Une analyse débouche souvent sur plusieurs messages ; ce serait une erreur de vouloir les communiquer tous avec un seul graphique car aucun ne ressortirait clairement et le lecteur aurait du mal à les retenir. On ne peut donc présenter qu'un seul message par graphique, quitte à dessiner autant de graphiques que de messages si l'information le mérite.

À un message doit correspondre un seul graphique. Ceci implique de remanier le graphique d'analyse, afin, s'il y a lieu, de le décomposer et, dans tous les cas, de le rendre clair, simple et direct. Cette opération est particulièrement importante car c'est la première impression qui se dégage d'un graphique que le lecteur retiendra.

Pour beaucoup, les graphiques apparaissent comme « techniques ». Cette réputation est due surtout aux graphiques d'analyse (courbes, abaques, etc.), non aux graphiques de communication. La suite de ce chapitre a donc pour objectif de modifier cette image et de démontrer qu'une bonne utilisation des graphiques est un atout important pour l'efficacité d'une communication.

Globalement, les graphiques sont classés en deux groupes, selon la nature de l'information visualisée :
- Les graphiques quantitatifs représentent des informations chiffrées et répondent à la question « combien ? ». Ce sont les plus répandus dans les documents d'affaires ;
- Les graphiques qualitatifs représentent des informations non chiffrées et répondent à trois types de questions :
  - « comment ou pourquoi ? » (organigrammes, flux, matrices)
  - « quand ? » (plannings)
  - « où ? » (cartes, réseaux)

3.3.3. Bâtir une présentation

Bâtir une présentation comme une bande dessinée ?... Une présentation se prépare comme une bande dessinée. Nous supposons évidemment que l'analyse des éléments de base a été faite et que l'auteur sait ce qu'il veut dire ; nous nous attacherons donc uniquement à la manière de structurer son exposé, et à la technique de préparation matérielle du support. En pratique, nous verrons qu'un support d'exposé se prépare comme une bande dessinée.

Sans revenir longuement sur l'analyse, il faut :
- Définir l'objectif et le formuler clairement par écrit ; cela constituera la référence continuelle tout au long de la préparation de l'exposé ;

© Éditions d'Organisation

- Identifier les destinataires, opération plus facile pour un exposé que pour un document, car l'auditoire est généralement restreint ;

1. Analyser l'objectif de la présentation

- Fixer la durée de l'exposé en fonction de l'objectif et des destinataires, et également du temps disponible. Il faut s'efforcer de ne pas dépasser 45 minutes, ou alors fractionner l'exposé.

Il faut ensuite définir l'idée maîtresse. L'idée maîtresse est le message central à faire passer. Fil conducteur du scénario, l'idée maîtresse constitue souvent le titre de l'exposé (et doit, de toute façon, être un message). Au fur et à mesure de l'élaboration de l'exposé, certaines parties étant précisées, développées ou supprimées, la formulation de l'idée maîtresse pourra évoluer, mais non l'idée elle-même.

2. Définir l'idée maîtresse

Le titre-message devant être projeté, il devra être court, explicite et précis ; aussi sera-t-il habituellement accompagné d'un sous-titre en caractères plus petits qui fournira des informations descriptives complémentaires sur le sujet, le domaine couvert, les entités concernées, etc., sans oublier la date et le lieu de la réunion.

3. Définir titres et sous-titres

La préparation du scénario s'effectue en quatre étapes, de plus en plus concrètes :

- Bâtir la structure de la communication, sous forme de titres descriptifs, en développant l'idée maîtresse ;
- Formuler la structure sous forme de messages à partir des titres descriptifs, puis effectuer un double test de cohérence pour s'assurer que les messages contribuent tous à étayer l'idée maîtresse, et qu'ils sont rédigés de la même façon ; par exemple, ils commencent tous par un verbe actif ou un substantif, et obéissent à la même forme grammaticale ;

4. Construire le scénario

- Estimer la durée de chaque partie de l'exposé, afin de vérifier que certaines parties ne soient pas trop longues, et que la durée totale ne dépasse pas le temps alloué ;
- Estimer le nombre de vues à attribuer à chaque partie. Bien qu'il n'existe pas de standard universel, une bonne règle empirique consiste à adopter une moyenne d'une à deux minutes par vue. Mais ce ratio peut évoluer substantiellement suivant les habitudes de l'auteur, la complexité du sujet, le volume d'informations, etc.

5. Effectuer le découpage des vues

L'auteur doit ensuite effectuer le découpage, c'est-à-dire décider du contenu de chaque vue. Pour cela, il doit :
- Conserver une vision d'ensemble ;
- Définir le contenu de chaque vue.

6. Réaliser la maquette

Enfin, on réalise la maquette proprement dite. L'ordre de rédaction est le même que pour un document écrit :
- Commencer par le corps de l'exposé ;
- Rédiger l'introduction et la conclusion en dernier.

11

étapes pour la progression personnelle du manager

1. Six étapes pour accroître son influence au sein d'une organisation

Pour devenir efficace, le manager doit accroître son influence au sein de l'organisation.

Pour cela, il lui faut :
1. identifier ceux de qui son travail dépend ;
2. dessiner une carte de ces dépendances ;
3. trouver comment chaque personne de sa carte voit le monde ;
4. évaluer la qualité de ses relations avec chaque personne de sa carte de dépendances ;
5. identifier les lacunes critiques dans ses relations ;
6. travailler à mettre en valeur l'essentiel, sans affaiblir les relations.

1.1. Identifiez ceux de qui votre travail dépend

Demandez-vous :
• j'ai besoin de la coopération de qui ?
• j'ai besoin de l'obéissance de qui ?
• quelle opposition m'empêchera d'accomplir mon travail ?

1.2. Dessinez une carte de ces dépendances

- créez un diagramme décrivant vos relations avec les autres membres de l'organisation ;
- soyez sûr que votre carte montre les relations primaires mais également les secondaires ; par exemple, vous pouvez dépendre non seulement de votre chef, mais aussi du sien ;
- souvenez-vous : il est préférable de surestimer plutôt que sous-estimer le nombre de dépendances importantes dans votre réseau. Certains managers se sont vus mettre dans un placard par manque d'anticipation et pour avoir oublié quelqu'un qu'ils n'avaient pas su placer sur leur carte de dépendances.

1.3. Découvrez comment chaque personne de votre carte voit le monde

Pour chacune des personnes présentes sur votre carte, répondez si possible aux questions suivantes :

- quelles différences existe-t-il entre cette personne et moi (en terme d'objectifs, valeurs, enjeux, pressions et styles de travail) ?
- quelles sont les forces sous-jacentes qui ont créé ces différences ?
- quelles sources de pouvoir ai-je sur cette personne ?
- quelles sources de pouvoir a-t-elle sur moi ?
- quelles seraient ses perceptions et émotions sur mes décisions et actions ?

1.4. Évaluez la qualité de vos relations avec chaque personne de votre carte de dépendances

Pour chaque personne sur votre carte, répondez si possible aux questions suivantes :

- est-ce que nous partageons confiance mutuelle et crédibilité ?
- est-ce que nous nous percevons l'un l'autre comme compétent ?
- est-ce que nous nous percevons l'un l'autre comme voulant faire les bonnes choses ?

Les réponses à ces questions mettront la lumière sur vos relations solides et celles qui nécessitent un travail de renforcement.

1.5. Identifiez les lacunes critiques dans vos relations

En fonction de vos réponses aux questions de l'étape 4, décidez quelles relations ont le plus besoin de renforcement. Ce sont des connexions avec des personnes importantes pour votre succès, mais avec lesquelles vous n'avez pas encore de relations de bonne qualité.

1.6. Travaillez à mettre en valeur l'essentiel, sans affaiblir les relations

Apprenez à connaître les personnes de qui vous dépendez, en :
- ayant une conversation de couloir avec eux ;
- saisissant une opportunité de déjeuner ensemble ;
- leur demandant un conseil pour quelque chose ;
- apprenant plus sur leur travail en vous inscrivant à des programmes de formation sur des domaines qui leur sont spécifiquement adaptés.

Souvenez-vous : le meilleur moment pour commencer à construire ces relations est *avant* d'en avoir besoin. De cette manière, quand vous aurez une requête à leur soumettre, ces connexions seront déjà établies.

2. Cinq étapes pour fortifier son intelligence émotionnelle

Pour fortifier son intelligence émotionnelle, le manager doit :
1. se faire coacher si possible ;
2. obtenir des retours sur ses capacités d'intelligence émotionnelle ;
3. transformer son quotidien en école d'apprentissage ;
4. examiner attentivement les raisons d'une rechute dans un type de comportement négatif et les éviter dans le futur ;
5. garder des traces de ses performances.

2.1. Faites-vous coacher si possible

Un consultant ou un collègue compétent en intelligence émotionnelle peut vous aider à identifier vos forces et faiblesses en IE. Choisissez quelqu'un pour vous assister à définir de nouveaux comportements, et planifiez des réunions régulières pour passer en revue vos progrès et faire les ajustements nécessaires.

2.2. Obtenez des retours sur vos capacités d'intelligence émotionnelle

Avec l'aide de votre coach, collectez les retours sur vos forces et faiblesses de la part de vos collègues, chef et collaborateurs. Demandez leur de commenter spécifiquement vos capacités IE (self-control et empathie).

2.3. Transformez votre quotidien en école d'apprentissage

Une fois que vous avez identifié les domaines sur lesquels vous devez travailler, cherchez des opportunités d'entraîner ces nouveaux talents dans votre travail au quotidien. Gardez un œil ouvert sur les modèles ; par exemple, êtes-vous plus emphatique quand les choses sont calmes, mais encore vraisemblablement colérique en cas de crises ?

Préparez-vous à être patient et assidu.

Améliorer votre intelligence émotionnelle demande des répétitions et de l'entraînement sur votre lieu de travail, sur plusieurs mois. Il demande également du courage : vous devez être prêt à accepter des retours difficiles sur vos faiblesses et expérimenter d'autres styles de comportement. Vous pouvez vous tromper aussi – alors, attachez-vous à essayer encore et encore si un nouveau comportement ne fonctionne pas comme vous l'aviez prévu.

2.4. Examinez attentivement les raisons d'une rechute

Déterminez ce qui a permis cette rechute (par exemple, la pression de la montre vous a fait interrompre quelqu'un pendant une réunion). Définissez ce que vous ferez la prochaine fois que cela arrivera (par exemple, vous essaierez de respirer 3 fois profondément la prochaine fois que vous voulez interrompre quelqu'un).

2.5. Gardez des traces de vos performances

Supposez que votre objectif est d'apprendre à entrer en dialogue avec un salarié qui fait quelque chose qui vous énerve. Sur plusieurs mois, gardez trace du nombre de fois où vous avez cédé à votre penchant d'haranguer, au lieu d'explorer les problèmes à travers le dialogue avec succès. Soyez honnête ! Notez si les incidents liés à un comportement non désiré décroissent ou croissent au fil du temps. Si votre comportement problématique s'accroît, travailler avec votre coach pour vous remettre sur les rails.

25
conseils utiles

Chapitre 4

1. Estimez vos progrès en obtenant des retours

1. **Obtenez des retours.** Faites savoir à vos collègues, chefs, collaborateurs que vous voulez connaître leurs impressions sur vos performances en tant que manager.

2. **Élargissez l'étendue de votre expérience.** Identifiez et prenez à bras le corps des challenges qui apporteront la croissance et le développement que vous souhaitez achever. Par exemple, explorez des manières de développer votre réseau au-delà de votre propre groupe.

3. **Identifiez les impacts de votre style de management.** Obtenez des retours des autres non seulement sur *ce que* vous avez fait, mais aussi sur *comment* vous l'avez fait. Ces informations vous aideront à clarifier les relations de cause à effet et feront le lien entre vos intentions et votre impact actuel sur les autres.

4. **Observez vos collègues.** Vous apprendrez plus de vos collègues que de n'importe qui d'autre. Observez d'autres managers et identifiez les choses les plus efficaces chez eux. Demandez-vous quels attributs personnels et quelles compétences les rendent efficaces.

5. **Imitez les compétences et attributs des meilleurs de vos collègues.** Utilisez l'information acquise à travers l'observation pour modifier votre propre comportement professionnel.

6. **Soyez ouvert pour demander de l'aide.** Trouvez quelqu'un qui pourra vous aider à comprendre si vous obtenez le bon type de retours.

2. Influencez les autres : partagez le savoir avec vos alliés

7. **Identifiez les alliés potentiels.** Regardez chaque personne dont vous dépendez ou qui dépend de vous comme un allié potentiel – même si cette personne vous est apparue très différente de vous par son style ou attitude.

8. **Construisez des alliances bénéfiques.** Estimez ce que vous avez à offrir à votre allié potentiel. Déterminez ce qu'il peut vous apporter. Aidez les gens du mieux que vous pouvez.

9. **Pensez vos relations sur le *long terme*.** Comme toute relation, les alliances au bureau demandent beaucoup d'effort et d'attention. Elles sont bien plus qu'un simple deal « one-shot » ! En s'engageant dans une série d'échanges sur le long terme, vous construisez la fondation d'une confiance et d'une coopération.

10. **Évitez la confiance reposant sur l'autorité formelle.** Comptez plutôt, quand c'est possible, sur votre propre expertise comme source principale de pouvoir.

11. **Partagez le pouvoir ; ne l'amassez pas.** Observez-vous régulièrement pour voir si vous thésaurisez le pouvoir ou au contraire si vous échangez les ressources nécessaires et l'information de manière équilibrée avec vos alliés.

12. **Sachez reconnaître les interdépendances.** Soyez sensible aux dépendances *mutuelles* – ce dont vous avez besoin et ce que les autres attendent de vous. Utilisez votre pouvoir et votre influence pour arriver à des fins qui ne sont pas entièrement personnelles.

13. **Regardez vos alliés comme des partenaires.** Quand vous regardez des gens comme partenaires, vous :
   - évaluez les différentes perspectives et talents qu'ils apportent ;
   - abordez les problèmes avec vos relations et vous vous battez dur pour les empêcher de faire des erreurs ;
   - êtes honnêtes en leur disant comment vous faites ;
   - considérez le bien-être de votre société comme votre top priorité.

3. Prenez du temps avant d'introduire de nouvelles règles et pratiques

14. **Évitez la tentation d'introduire de nouveaux changements trop rapidement.** Au lieu d'agir de manière impulsive, introduisez de nouvelles règles et pratiques aussi doucement que possible – et seulement après avoir évalué la situation de votre groupe.

15. **Prenez le temps pour évaluer votre situation.** Asseyez-vous confortablement et écouter les inquiétudes, opinions et idées des gens.

16. **Montrez que vous réfléchissez avant de parler.** Quand on vous demande votre opinion, résistez à l'impulsion de répondre immédiatement. Au lieu de cela, prenez un temps pour passer en revue vos alternatives – et pour montrer que vous le faites.

17. **Prenez en compte la cartographie de votre organisation.** Trouvez qui parle à qui, le meilleur moyen d'avoir accès au téléphone arabe, qui sait comment les choses fonctionnent et comment faire avancer les choses.

18. **Observez les autres.** Au lieu de vous prendre comme modèle pour prédire comment les autres pourraient interpréter ou répondre à de nouveaux processus, apprenez à comprendre le point de vue des autres.

19. **Pensez avec votre tête *et* votre cœur.** Penser avec votre tête vous aide à vous charger des challenges d'affaires tandis que votre cœur vous aide à vous charger des challenges

humains. Souvenez-vous : les challenges humains sont des challenges d'affaires.

4. Dévoilez vos ressources en toute connaissance

20. **Connaissez vos ressources majeures.** Souvenez-vous, vous avez trois ressources majeures à votre disposition :
    * votre expérience précédente ;
    * les personnes que vous connaissez déjà ;
    * votre formation antérieure.

21. **Utilisez vos précédents superviseurs comme modèle.** Pensez à la personne qui vous a géré. Quelles ont été leurs forces et faiblesses ? Quels attributs pouvez-vous imiter pour développer votre propre management et vos compétences décisionnelles ?

22. **Utilisez vos précédents superviseurs comme conseillers.** Si possible, restez en contact avec eux et demandez leur conseil.

23. **Demandez à votre superviseur actuel d'être votre coach.** Si votre chef actuel a la réputation d'être un bon développeur de compétences, demandez-lui des conseils sur votre processus de transition.

24. **Restez en contact avec des collègues actuels et anciens.** Rencontrez-les aussi souvent que possible pour discuter de vos idées, interpréter vos expériences, et repérer des connexions entre vos actions et leurs conséquences.

25. **Utilisez des opportunités de formations antérieures pour augmenter l'apprentissage du métier.** Profitez de toutes les possibilités de formation qui vous sont offertes.

10

clés pour ouvrir la boîte à outils

Cette boîte à outils présente les différents outils qui ont été mentionnés dans les chapitres précédents :

1. Profil Comportemental

2. Les Plus et Moins du manager

3. Intelligence émotionnelle : auto-évaluation

4. Écoute active : auto-évaluation

5. Adaptez votre style de Management

6. La check-list du manager

7. Photo de l'équipe

8. Liste de contacts pour le manager

9. Plan d'action Coaching

10. Recruter le bon candidat

1. Profil comportemental

Boîte à Outils du Manager – Profil Comportemental

Le profil comportemental permet de vous situer parmi les 4 traits de caractère de la typologie de MARSTON :
D pour Dominance, I pour Influence, S pour Stabilité, C pour Conformité.
Le style naturel correspond à votre propre perception. Il représente le Moi privé.
Le style adapté correspond aux comportements que nous présentons aux autres et la façon dont les autres nous perçoivent. Il représente le Moi public. C'est le paraître.

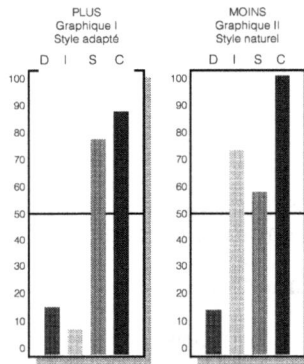

PLUS
Graphique I
Style adapté

MOINS
Graphique II
Style naturel

Application de cet exercice

Construisez vos deux graphiques et analysez la différence entre les deux. Le style naturel correspond à ce que nous sommes quand nous subissons une pression, ou quand nous sommes à l'aise. Le « masque » tombe. C'est le graphique qui a le moins de chance de changer. Ce positionnement sert à comprendre la personne réelle. Il est particulièrement utile dans la résolution des conflits ou dans la cohésion d'équipe.
Le style adapté est celui qui a le plus de chance de changer. Il reflète les comportements que nous sentons devoir manifester dans une situation donnée. Il est souvent considéré par les autres comme la partie de notre personnalité la plus visible.

....

....

....

....

....

....

....

2. Les Plus et Moins du manager

Boîte à Outils du manager – Les Plus et Moins du manager
Complétez cette feuille seul ou en groupe afin d'évaluer les Plus et les Moins des managers avec lesquels vous avez déjà travaillé. Cette première réflexion vous permet de commencer à savoir quel type de manager vous voudriez être.

Le « Pire » Manager que j'ai eu	Le « Meilleur » Manager que j'ai eu
Listez ses caractéristiques ci-dessous, particulièrement celles que vous souhaitez éviter pour vous-même.	Listez ses caractéristiques ci-dessous, particulièrement celles que vous souhaitez développer.
....	....
....	....
....	....
....	....
....	....
....	....
....	....
....	....
....	....
....	....
....	....
....	....

Application de cet exercice

Utilisez cet espace pour noter les observations importantes découvertes dans l'exercice ci-dessus. Gardez précieusement cette liste, et relisez-la de temps à autre.

....

....

....

....

....

....

....

3. Intelligence émotionnelle : auto-évaluation

Boîte à Outils du Manager – INTELLIGENCE ÉMOTIONNELLE			
Utilisez cet outil pour réfléchir à votre intelligence émotionnelle, ou votre capacité à vous gérer et gérer vos relations avec les autres de manière effective.			
APTITUDES à l'Intelligence émotionnelle	**Évaluation**		
	Une force	En suffisance	à améliorer
Connaissance de soi			
J'ai confiance en moi.			
Je connais mes forces et mes limites.			
Je sais quand demander de l'aide.			
Auto-régulation			
Je suis digne de confiance.			
Je contrôle mes sentiments et mes impulsions.			
Je sais suspendre une décision pour rechercher plus d'informations.			
Motivation			
Je possède une forte énergie pour atteindre mes objectifs.			
Je reste optimiste même face à des échecs.			
J'essaie en permanence de m'améliorer.			
Empathie			
J'ai des compétences en coaching et sais retenir les talents.			
Je suis sensible aux différences culturelles.			
Je sais de manière intuitive ce que les gens ressentent.			
Aptitudes sociales			
J'ai l'expérience des groupes – création, management.			
Je sais trouver un terrain d'entente avec les autres.			
J'aime le travail d'équipe.			

4. Écoute Active : auto-évaluation

Boîte à Outils du Manager – ÉCOUTE ACTIVE		
Êtes-vous familier de l'écoute active ? *Les managers qui savent écouter activement savent ressortir l'essentiel de leurs entretiens et réunions avec leurs collaborateurs. Répondez aux questions suivantes pour savoir à quel point vous savez écouter. Entourez le nombre correspondant dans la colonne qui décrit le mieux vos habitudes d'écoute, et faites la somme des chiffres correspondant à vos réponses.*		

Quand quelqu'un me parle :	Évaluation		
	Souvent	Parfois	Rarement
Je planifie ma réponse.	1	3	5
Je garde les yeux en contact avec le regard de mon interlocuteur.	5	3	1
Je prends des notes si nécessaire.	5	3	1
Je fais attention aux émotions derrière les mots.	5	3	1
Je me prends à penser à autre chose en cours de discussion.	1	3	5
Je fais face à la personne qui me parle.	5	3	1
J'observe les mouvements significatifs (expressions, gestes...).	5	3	1
J'interromps mon interlocuteur pour clarifier un point.	1	3	5
Je suis interrompu par d'autres demandes urgentes.	1	3	5
J'écoute le message sans le juger ou l'évaluer immédiatement	5	3	1
Je pose des questions et encourage mon interlocuteur à continuer.	5	3	1
Je reformule avec mes propres mots ce que je viens d'entendre afin d'être sûr d'avoir bien compris.	5	3	1
Total de chaque colonne :			
Somme des 3 colonnes :			

Votre score :

46-60 : vous avez une très bonne écoute active.
30-45 : vous savez écouter mais pouvez encore progresser.
12-29 : vous devez vous focalisez sur l'amélioration de votre écoute.

© Éditions d'Organisation

5. Adaptez votre style de Management

Boîte à Outils du Manager – ADAPTEZ VOTRE STYLE
Utilisez cette feuille pour réfléchir à comment vous pourriez adapter votre style managérial afin de compléter les besoins et le niveau de développement de vos collaborateurs directs. Qui a besoin de plus de directives ? De support ? À qui devriez-vous laisser un peu plus d'autonomie ? Il y a beaucoup de façons d'adapter votre style. La manière suivante n'en est qu'un exemple. Utilisez les directives suivantes pour vous concentrer sur chacun de vos employés, ses besoins, et quel style vous pourriez adopter pour les aider à être plus productifs, se sentir motivés et être reconnus.

Niveau de développement de vos collaborateurs	
Niveau Débutant	*Nouveau dans le poste, peut-être dans la société. A besoin d'être dirigé, supervisé, supporté. Peut avoir un niveau de compétence peu élevé à cause à son inexpérience. Peut être enthousiaste de cette nouvelle opportunité.*
Niveau Intermédiaire	*A développé des compétences, mais n'a pas encore atteint son maximum. A besoin d'être coaché et supporté. Peut parfois se démotiver devant la réalité du travail et les challenges.*
Niveau Élevé	*Un artiste à son sommet, généralement expérimenté. A besoin de moins de supervision directe, et peut ne pas l'apprécier du tout. Pensez à des moyens de lui déléguer des tâches. A besoin de se sentir challenge.*

Collaborateur direct	Niveau d'engagement	Style Managérial approprié
Exemple : Sandrine	*Débutante :* Sandrine débute à peine sa carrière, et prend de nouvelles responsabilités.	*Directive :* Contrôler Sandrine au plus près et lui fournir des instructions et des demandes plus explicites.

6. La check-list du Manager

Boîte à Outils du Manager – CHECKLIST du Manager		
Utilisez cette Check-list pour identifier les écarts entre vos compétences passées et celles dont vous aurez besoin en tant que manager. Vous n'apprendrez ces nouvelles compétences qu'avec le temps ; pensez à celles dont vous aurez besoin en premier.		
Aptitudes ou Compétences	**Responsabilités de mon précédent job**	**Responsabilités du Manager**
Superviser des collaborateurs		
Estimer les performances		
Définir des objectifs		
Déléguer		
Recruter		
Coacher		
Mener une équipe		
Budgétiser		
Expliquer et mettre en œuvre la politique		
Créer une vision ; avoir une perspective		
Diriger pour des résultats ; s'assurer que les objectifs sont atteints		
Renvoyer un collaborateur si nécessaire		
Supporter les autres dans l'accomplissement de leurs objectifs		
Manager le niveau d'activité et de stress		
Faire des présentations		
Créer des alliances		
Gérer les réunions		
Gérer votre temps		
Appuyer les opportunités de développement de votre équipe		
Donner les grandes directions		
Adapter mon style pour répondre aux besoins des autres si indiqué		
Motiver les autres		
Stimuler l'innovation et la créativité		
Attribuer des responsabilités aux postes		
Gérer les projets		
Définir et compenser les priorités		

7. Photo de l'équipe

Boîte à Outils du Manager – PHOTO de l'équipe

Il est important pour tout manager de disposer d'un outil de communication efficace avec son équipe. Positionner les membres de son équipe sur une roue comportementale permet de savoir instantanément quel style de comportement adopter en face de chaque individu.

De plus, la photo permet de donner un langage commun à son équipe, ce qui entraîne une plus grande cohésion ainsi qu'un risque amoindri de conflits (la roue servant à la méta-communication de l'équipe).

Elle permet également de se rendre compte d'un éventuel déséquilibre au sein de l'équipe. En effet, il est bon que chaque type de comportement soit représenté au sein d'une équipe afin de contrebalancer un type dominant.

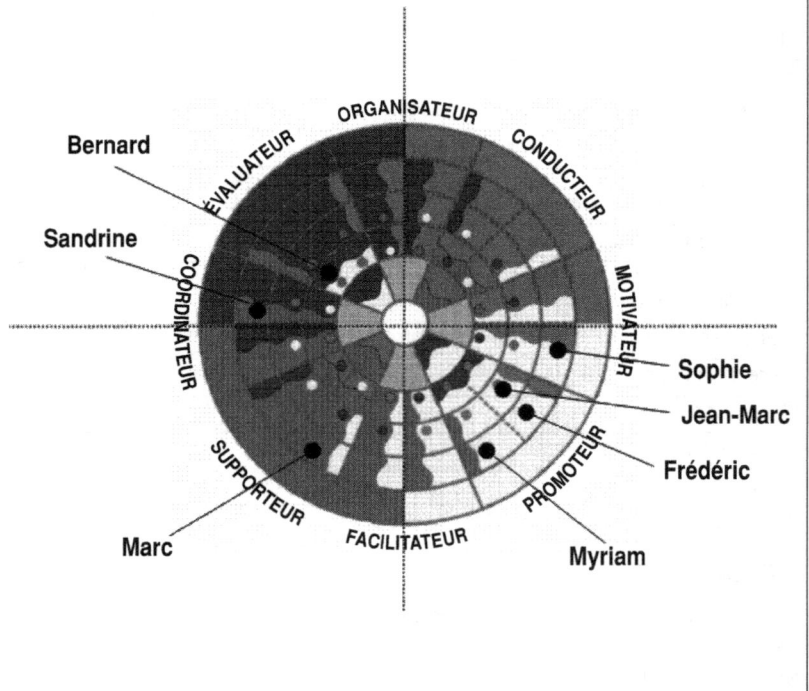

8. Liste de contacts pour Manager

Boîte à Outils du Manager – CONTACTS du Manager		
Une des tâches critiques du manager est de savoir comment et où trouver l'information ou l'assistance dont il a besoin. C'est plus qu'un challenge pour de nouveaux managers dans une nouvelle société. *Développer de réelles alliances prend du temps, mais une simple liste de contacts comme celle ci-dessous peut être un bon départ. Vous pouvez modifier cette liste au fur et à mesure que de nouveaux besoins apparaissent.*		
Quand j'ai besoin d'infos ou d'aide sur...	**Responsable**	**Tél., courriel...**
Sécurité		
Assurances, politique et procédures		
Technologie, mon PC		
IT Help Desk ou Hotline		
Achats		
Formation pour moi-même ou mon équipe		
Dossiers sur l'entreprise		
Dossiers sur les salariés		
Plan de maintenance		
Performance du Management		
Coaching		
Niveau de salaire et administration		
Budget		
Recrutement		
Mailing, envois		
Entrepôts, niveaux d'inventaires		
Mailing, envois express		
Schémas organisationnels, structure		
Agence temporaire		
Commercial		
Marketing		
Relations publiques		
Développement		
Production		
Conseils juridiques		
Service clients		
Remboursements		

© Éditions d'Organisation

9. Plan d'action Coaching

Boîte à Outils du Manager – PLAN D'ACTION COACHING
Utilisez cette feuille d'action avant toute action de coaching. Prenez le temps de déterminer clairement vos objectifs ainsi que les moyens à mettre en œuvre pour y parvenir.
Nom du coaché :   **Date :**
Domaines où le coaching est nécessaire (conclusion reposant sur des observations objectives) :
Objectifs de la session de coaching :
Résultatss souhaitées :
Pourquoi est-il important de coacher la personne (quels sont les enjeux ? Quelles sont les conséquences ?) :

Difficultés potentielles	Méthodes proposées
1.	1.
2.	2.
3.	3.
4.	4.
5.	5.

Actions spécifiques
1.
2.
3.
4.
5.

10. Recrutez le bon candidat

Boîte à Outils du Manager – RECRUTEMENT	
Une des tâches critiques du manager est de savoir comment bien recruter. Et sur quels critères ? *Cette feuille de recrutement vous permettra de conduire et d'objectiver les entretiens d'évaluation en leur donnant une dimension performance ; vous pourrez ainsi recruter avec plus d'objectivité pour satisfaire l'adéquation entre le poste et la personne.*	
POSTE :	**Évaluation**

1. Compétences « techniques » :
Mission 1 :
    Domaine d'activité 1 :
        Critère de performance 1
        Critère de performance 2
        Critère de performance 3
    Domaine d'activité 2...	

2. Comportement :
    Profil du Poste
    Comportement du candidat : style naturel
    Comportement du candidat : style adapté
    Compréhension du poste par le candidat	

3. Motivations : Comparaison et mesure des écarts entre les intérêts, les motivations du candidat par rapport à la grille de référence des motivations, attitudes et valeurs professionnelles et personnelles clés exigées pour le poste.	
Total :	

Conclusion

Cet ouvrage sans prétention vise simplement à désacraliser le rôle du manager à travers quelques citations et quelques réflexions de bon sens autour de ce que je considère comme être la base du management : la connaissance de soi et la relation à l'autre à travers sa communication.

Manager, c'est être en perpétuel apprentissage à partir de ses propres expériences. Encore faut-il avoir des outils pour capitaliser ces expériences.

J'ai donc voulu offrir quelques clés « opérationnelles » pour répondre aux besoins quotidiens de tout nouveau manager et plus globalement de tout manager.

Soyez persévérant et enthousiaste ; le jeu en vaut la chandelle ! Ceux qui réussiront auront intégré les deux réalités suivantes :
- Être manager, c'est avant tout se connaître soi-même ;
- Être manager, c'est aussi adopter des méthodologies.

Gardez enfin à l'esprit que le management n'est pas un sacerdoce ; c'est la somme d'attitudes, de comportements et d'expériences qui, bien gérés, ne doivent pas occulter le développement et l'épanouissement de sa vie personnelle.

Annexes

1. Comparatif de méthodes comportementales

La plupart des méthodes comportementales dites « sérieuses » sont issues des travaux de deux grands psychologues : CARL JUNG et WILLIAM MARSTON. Pourquoi « sérieuses » ? Car la validation de ces méthodologies ne peut se réaliser que de manière empirique ; seul le temps confirme ou infirme la pertinence de leurs modèles. J'inviterai donc le lecteur à se méfier de toute « nouvelle » méthodologie en ce domaine.

Dans mon parcours, j'ai recherché la méthodologie qui me permettrait de progresser ponctuellement par la découverte de mes propres styles de comportement ; mais j'ai surtout voulu trouver une méthode « opérationnelle » qui m'accompagne au quotidien dans mes relations avec les autres : qu'ils soient collaborateurs, clients, partenaires ou autres...

Toutes les méthodes que j'ai retenues ci-après ont le même grand mérite : vous faire progresser sur la connaissance de vous-même. Elles ont donc toutes leur pertinence. Toutefois, je possède une nette préférence pour l'une d'entre elles : **Arc en ciel**.

Pourquoi ? Tout d'abord par son approche : c'est la seule qui croise les travaux de Jung et ceux de Marston. D'autre part, et c'est la raison principale, c'est la méthode la plus simple à intégrer, la plus ludique également, mais surtout la plus opérationnelle. Outre le développement personnel, je l'utilise également en communication comportementale (vente, management) mais également en cohésion d'équipe.

Ce jugement est bien sûr subjectif, et je vous encourage à vous faire votre propre opinion.

1.1. Arc en ciel

La méthodologie Arc en ciel utilise le questionnaire DISC issu des travaux de MARSTON.

Ce questionnaire DISC a été affiné, enrichi et validé depuis 50 ans dans différentes études. Il comprend notamment un étalonnage des réponses en fonction des 4 traits (Dominance, Influence, Stabilité, Conformité) et une pondération des 24 questions selon chacune de ces questions et selon que la réponse concerne le « + »

ou le « – ». Il a été expérimenté par plusieurs dizaines de millions de personnes dans le monde.

Son fondement principal est constitué par les notions de « style naturel » et « style adapté » qui résultent d'un double traitement de ce questionnaire : les réponses aux « – » (comment la personne se perçoit le moins) et aux « + » (comment la personne se perçoit le plus).

Ce point est fondamental car il n'existe, à ma connaissance, pas d'autre questionnaire faisant ressortir ces deux notions.

Le fondement de la plupart des questionnaires repose sur un seul traitement : la perception de l'individu tel qu'il se voit en répondant :
- soit à des affirmations ;
- soit dans un choix entre deux affirmations opposées (exemple : Êtes-vous plutôt introverti ou plutôt extraverti) ;
- soit dans une affirmation nuancée par une échelle de notation graduée (par exemple : quelle est votre degré d'introversion sur un échelle allant de 1 à 5) ;
- soit dans un choix entre deux affirmations opposées combiné à une notation sur une échelle.

Les réponses à ce court questionnaire à choix multiples génèrent un diagnostic sur informatique. C'est le Profil Arc en ciel du sujet rédigé en différentes versions :
- Encadrement ;
- Collaborateur responsable ;
- Vente ;
- Cohésion d'équipe ;
- Service client.

Chaque profil contient des rubriques riches en informations, facilement compréhensibles et directement opérationnelles :
- Caractéristiques générales ;
- Valeur pour l'entreprise ;
- Comment mieux communiquer ;
- A éviter pour bien communiquer ;
- Environnement idéal ;
- Perception de soi et regard des autres ;

- Clés de la motivation ;
- Clés du management ;
- Domaines d'amélioration ;
- Roue Arc en ciel et graphiques ;
- Plan d'action personnel ;
- Indicateurs spécifiques.

1.2. Thomas/Performax

Ces deux sociétés utilisent le même questionnaire que Arc en ciel.

Mais elles introduisent un troisième graphe : la moyenne entre le style naturel et le style adapté.

La deuxième différence est que les systèmes THOMAS/PERFORMAX se limitent souvent à la restitution en face-à-face des graphes de la personne concernée, bien qu'il y ait plusieurs possibilités de rapport écrit. La personne concernée repart souvent avec pour tout support les notes qu'elle a prises pendant son entretien de restitution – qui sont évidemment dépendantes de l'expertise professionnelle du consultant qui a conduit cet entretien – et un bref rapport-type décrivant généralement quelques grands types de profils.

Enfin, troisième grande différence, il n'y a ni roue, ni utilisations des couleurs, ni caractère opérationnel.

1.3. MBTI

Cette approche est fondée sur les travaux de JUNG formalisés dans son ouvrage de référence « *Les Types Psychologiques* » de 1921.

Elle a été développée dans les années 1950 par ISABEL MYERS BRIGGS, d'où le nom de Myers Briggs Types Indicator. C'est le système le plus utilisé au monde avant le système DISC.

Il a également été testé et validé sur une très large échelle et est reconnu pour sa solidité et sa pertinence. Il n'est pas possible de le décrire ici et je vous renvoie au livre de PIERRE CAUVIN et GENEVIÈVE CAILLOUX[1].

---

1. « Types de Personnalité » – PIERRE CAUVIN et GENEVIÈVE CAILLOUX – Édition ESF.

C'est une tentative sérieuse de ramener dans un espace à 2 dimensions la vision de Jung qui situait l'être humain sur un espace à 3 dimensions, la première étant représentée par l'axe des attitudes Introversion/Extraversion, la seconde par l'axe des fonctions Pensée/Sentiment et la troisième par l'axe des fonctions Sensation/Intuition.

La combinaison de ces 2 attitudes et des 4 fonctions donne alors 8 possibilités :
• Pensée Extravertie ;
• Pensée Introvertie ;
• Sentiment Extraverti ;
• Sentiment Introverti ;
• Sensation Extravertie ;
• Sensation Introvertie ;
• Intuition Extravertie ;
• Intuition Introvertie.

MYERS BRIGGS a introduit dans le modèle de Jung deux nouvelles nominations : Jugement et Perception.

Chaque personne est donc représentée et définie par une croix, parmi 16 possibilités, représentant quatre fonctions selon qu'elles sont extraverties ou introverties et répondant au principe de polarité de Jung.

C'est une approche aussi sérieuse que complexe (plus de 300 questions).

Comparativement à Arc en ciel, elle reste peu pédagogique.

La deuxième différence concerne l'absence de notions de « style naturel » et de « style adapté ». Notions fondamentales dans le rôle que chacun joue au sein d'une organisation ; ce rôle est-il compatible avec son Moi profond ? Seule la comparaison entre style naturel et style adapté permet d'apporter une réponse à cette question.

La troisième différence : là encore, le MBTI se limite souvent à la restitution en face-à-face des croix de la personne concernée. Il n'y a pas de rapport écrit et la personne concernée repart avec pour tout support les notes qu'elle a prises pendant son entretien de restitution, qui sont évidemment dépendantes de l'expertise professionnelle du consultant qui a conduit cet entretien. Au mieux, elle peut repartir avec un bref rapport-type décrivant généralement quelques grands types standards de profils.

Quatrième et ultime différence : Il n'y a ni roue, ni utilisation de couleurs, ni caractère opérationnel lié à son contenu.

1.4. TMS (Team Management System)

C'est une tentative de reprendre le concept du MBTI se référant aux « *Types Psychologiques* » de Jung en le rendant plus abordable, notamment avec l'utilisation d'une roue, et des couleurs. Elle est séduisante dans le monde de l'entreprise car elle conserve le caractère sérieux et solide du MBTI, bien que le questionnaire en soit différent.

Les seize croix sont rassemblées en 8 types nommés intelligemment dans un langage concret :
- Évaluateur-Développeur ;
- Propulseur-Organisateur ;
- Finalisateur-Producteur ;
- Contrôleur-Inspecteur ;
- Supporter-Mainteneur ;
- Conseiller-Informateur ;
- Créateur-Innovateur ;
- Explorateur-Promoteur.

C'est une approche surtout axée sur les fonctions de l'entreprise et non sur les personnes qui occupent ces fonctions.

On note encore l'absence de notions de « style naturel » et de « style adapté ».

La roue TMS comprend 8 profils.

Le questionnaire, différent du MBTI, est aussi très long à remplir.

Les couleurs sont utilisées comme moyen pédagogique d'illustrer un concept mais ne font pas partie intégrante de ce concept.

2. Typologie des attitudes et valeurs

Chaque jour nous faisons face à des situations qui nous demandent de réfléchir, de décider, d'agir. Consciemment ou non, chacune de nos décisions est fondée sur nos expériences, nos croyances, nos attitudes et nos valeurs.

Les valeurs conditionnent nos décisions et déterminent nos actions. Elles répondent à la question du « pourquoi » nous faisons les choses. Elles servent de fil conducteur pour nous aider dans nos choix.

Les efforts que chacun va faire sont généralement sous tendus par ses croyances. Les grandes réussites sont toujours le fait d'hommes ou de femmes qui accordaient une grande importance à leurs valeurs.

Je vous propose ici, parmi tant d'autres, une typologie d'attitudes issue des travaux d'EDUARD SPRANGER (1882-1963) – psychologue allemand, professeur et docteur en philosophie. Dans son livre « *Types of men* » -- écrit en 1928 –, SPRANGER décrit six attitudes : cognitivisme, matérialisme, esthétique, altruisme, individualisme et traditionalisme.

Chez chacun les attitudes sont hiérarchisées avec une ou deux dominantes qui orientent la personnalité. Les attitudes dominantes déterminent ce qu'une personne apprécie ou juge négativement dans la vie et ce qui la pousse à agir pour répondre à ses valeurs sous-jacentes.

2.1. Attitude Cognitive

Attitude générale : je veux découvrir, comprendre et systématiser la vérité.

But : découverte de la connaissance, de la vérité.

Passions (ce qui pousse une personne à agir) :
• Résoudre des problèmes ou éclaircir des mystères ;
• Identifier, différencier, généraliser, systématiser ;
• Poursuivre la connaissance, découvrir.

Caractéristiques de celui qui a un score élevé en attitude cognitive :
- Objectivité dans tous les domaines de la vie ;
- Accorde peu d'importance à ce qui est subjectif ;
- Apprécie ce qui peut être expliqué de manière rationnelle ;
- Rejette ce qui relève de la foi ou ce qui est subjectif.

Forces de celui qui a une attitude cognitive :
- Se concentre sur des faits et des expériences rationnelles et objectives ;
- Se concentre sur la résolution de mystères et de problèmes ;
- Présente ses recherches et tire des conclusions.

Quelques exemples de carrière :
- Recherche & Développement ;
- Professeur ;
- Ingénieur.

2.2. Attitude Matérialiste

Attitude générale : tout ce que je fais doit avoir un retour sur investissement.

But : trouver et accumuler des richesses.

Passions (ce qui pousse une personne à agir) :
- Utiliser des ressources pour atteindre des résultats ;
- Obtenir un retour mesurable sur tous les investissements ;
- Capitaliser.

Caractéristiques de celui qui a un score élevé en attitude matérialiste :
- Sens pratique ;
- Capacité à tirer le maximum des ressources ;
- Rejet du gaspillage.

Forces de celui qui a une attitude matérialiste :
- Se concentre sur ce qui rapporte ;
- S'assure que le retour sur investissement promis est important.

Quelques exemples de carrière :
• Vente ;
• Management ;
• Entrepreneur.

2.3. Attitude Esthétique

Attitude générale : j'apprécie la beauté autour de moi et réalise mon plein potentiel.

But : se réaliser.

Passions (ce qui pousse une personne à agir) :
• Apprécier la forme, l'harmonie et la beauté ;
• Expérimenter de façon subjective ;
• Comprendre ses propres sentiments et ceux des autres.

Caractéristiques de celui qui a un score élevé en attitude esthétique :
• Appréciation de toute impression et expression créative ;
• Capacité à voir le caractère unique d'expériences que les autres ne voient pas ;
• Tendance à rejeter ce qui entraîne la souffrance et détruit l'harmonie ;
• Concentration sur ce qui est subjectif.

Forces de celui qui a une attitude esthétique :
• Se concentre sur l'expérience subjective de soi et des autres, fait en sorte que l'autre se réalise ;
• Se concentre sur la réalisation de la forme et de l'harmonie ;
• S'occupe à éliminer toute souffrance et tout inconfort.

Quelques exemples de carrière :
• Psychologie ;
• Artiste ;
• Décoration & Design.

2.4. Attitude Altruiste

Attitude générale : j'investis de moi-même, de mon temps et de mes ressources pour aider les autres

89

But : éliminer la haine et les conflits dans le monde.

Passions (ce qui pousse une personne à agir) :
- Développer le potentiel des autres ;
- Soutenir des causes humanitaires ;
- Améliorer la société et éliminer le conflit.

Caractéristiques de celui qui a un score élevé en attitude altruiste :
- Désintéressement ;
- Investissement de son temps pour les autres ;
- Générosité, avec peu ou pas d'attente en retour.

Forces de celui qui a une attitude altruiste :
- Se concentre sur les avantages dont les autres vont bénéficier ;
- Se concentre sur la façon de diminuer la souffrance et le conflit et la façon de tirer la meilleure partie du potentiel des autres.

Quelques exemples de carrière :
- Travail social ;
- Bénévolat ;
- Organisateur sportif.

2.5. Attitude Individualiste

Attitude générale : je vise la position la plus élevée dans la vie.

But : s'affirmer et faire gagner une cause personnelle.

Passions (ce qui pousse une personne à agir) :
- Atteindre une position élevée ;
- Etablir et exécuter une stratégie gagnante ;
- Diriger les autres.

Caractéristiques de celui qui a un score élevé en attitude individualiste :
- Utilisation du pouvoir pour accomplir un objectif ;
- Approche tacticienne de la vie ;
- Construction d'un réseau de relations personnelles pour faire avancer sa carrière.

Forces de celui qui a une attitude individualiste :
• Se concentre sur la façon dont sa situation peut progresser ;
• Se concentre sur la façon dont sa situation et son pouvoir peuvent être utilisés pour aider les autres.

Quelques exemples de carrière :
• Toute carrière ou activité qui permet à la personne d'atteindre une position élevée et/ou de pouvoir.

2.6. Attitude Traditionaliste

Attitude générale : je recherche ce qui a le sens le plus élevé dans la vie.

But : rechercher et trouver ce qui a le plus de valeur dans la vie.

Passions (ce qui pousse une personne à agir) :
• La recherche du « divin » ;
• Convertir les autres à son système de croyance ;
• Comprendre la vie dans sa globalité.

Caractéristiques de la personne ayant un score élevé en attitude traditionnaliste :
• Système de valeurs qui lui est propre ;
• Croyance en une cause supérieure ;
• Peu encline au changement et aux idées nouvelles.

Forces d'une personne ayant une attitude traditionnaliste :
• Accorde de l'importance au sens et à la vie dans sa globalité ;
• Se concentre sur la façon dont un système améliore le monde.

Quelques exemples de carrière :
• Théologien ;
• Philosophe ;
• Inspecteur.

Bibliographie

BOILEAU Nicolas, *L'art poétique*, Flammarion – 1998.

GOLEMAN Daniel, *L'intelligence émotionnelle*, Robert Laffont – 1999.

LENHARDT Vincent, *Les responsables porteurs de sens*, INSEP – 2002.

MASLOW Abraham, *L'accomplissement de soi*, Éditions d'Organisation – 2004.

NIETZSCHE Friedrich, *Fragments et aphorismes*, Librio.

PIERSON Marie-Louise, *L'intelligence relationnelle*, Éditions d'Organisation –
2003.

PLATON, *Le banquet*, Librio.

PROUST François, *Maximes*, Payot & Rivages – 2001.

SUN TZU, *L'art de la guerre*, Flammarion – 1972.

WALDER Francis, *Saint-Germain ou la négociation*, Gallimard – 2004.